読解力を育て・豊かな心をはぐくむ

文学の授業 5 改訂版

やまなし

教材分析と全発問

各時間の児童の感想掲載

山口 憲明

⊙目　次⊙

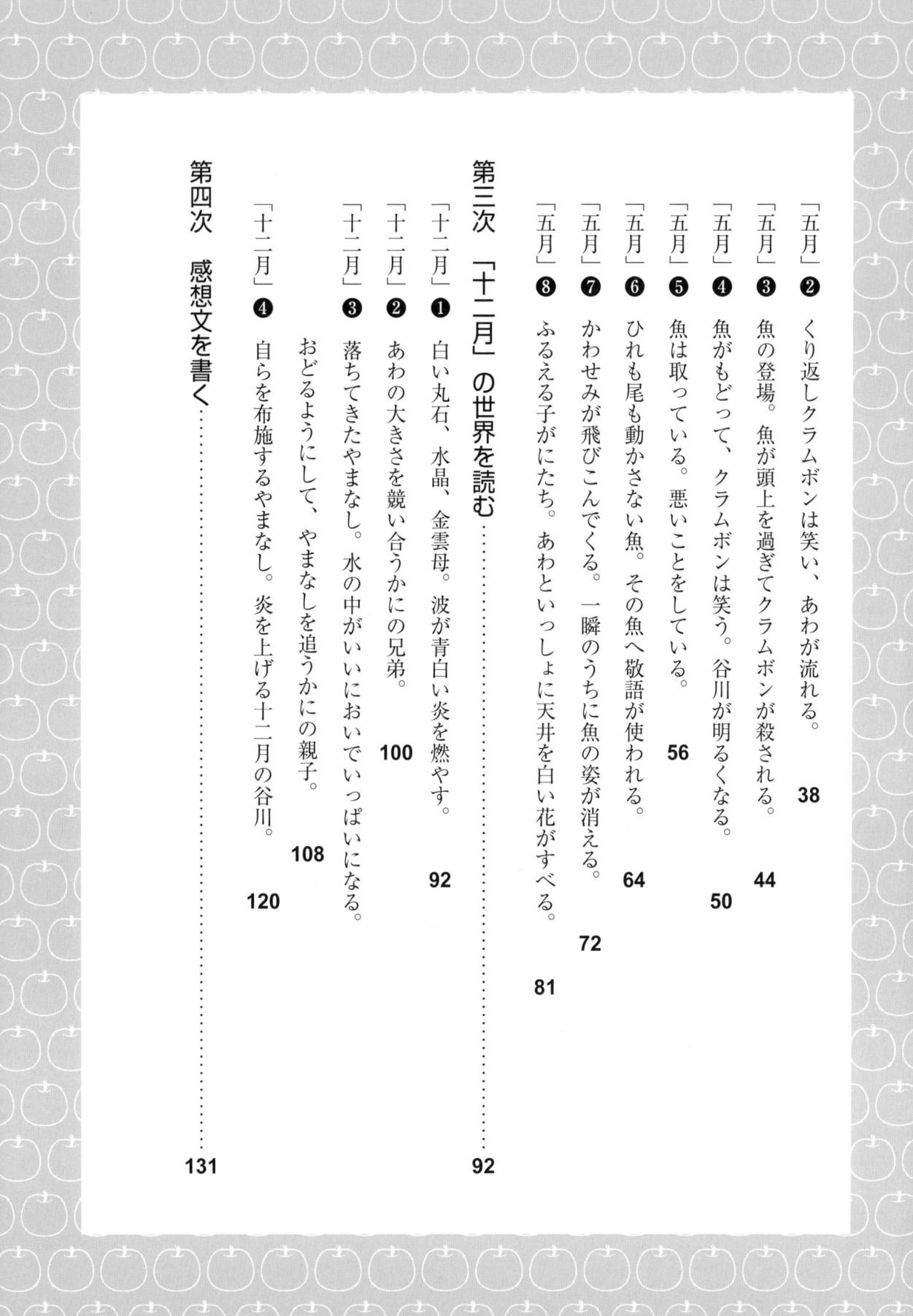

文学教育に取り組もう

今、学校教育において、文学が文学として読まれていない。指導されていない。ここでは、まず文学教育、物語教材を指導するそのねらいを短く示したいと思います。まずそのねらいを、私が学んできた西郷竹彦文芸学のことばから紹介します。

◉文芸の授業のねらい

〈ことばの教育〉「ことば」を通してしか、その世界に入れない。当然「ことば」をおさえた授業であることが要求される。「ことば」について、さまざまな指導がなされる。

〈人間の教育〉文芸は、人間を描いている芸術です。文芸教材を使っての授業は、つまり人間の教育です。

〈美の教育〉人間の真実が、ことばによって、おもしろく、味わい深く、趣のあるように表現されているところの芸術、それが文芸ということになります。

以上をつづめて言えば、文芸の授業のねらいは、ことば・表現と人間の教育であると言えます。

〈ことば・表現の教育〉

まず、文学教育は、国語の教育です。そこには、ことば・文・文章の音読、ことば・文・文章の意味の理解、表現や構成の指導などが含まれます。

たとえば、物語『やまなし』の次の場面です。

> 魚が、今度はそこらじゅうの黄金の光をまるっきりくちゃくちゃにして、おまけに自分は鉄色に変に底光りして、また上(かみ)の方へ上りました。
> 「お魚、なぜああ行ったり来たりするの。」
> 弟のかにが、まぶしそうに目を動かしながらたずねました。
> 「何か悪いことをしてるんだよ。取ってるんだよ。」
> 「取ってるの。」
> 「うん。」

ここでは、「まるっきり」「くちゃくちゃ」「鉄色」「底光り」などのことばの意味をとらえます。そして、これらの言葉は、谷川での魚の存在のあり方を表します。谷川をまるっきりくちゃくちゃにする魚、その魚は鉄色に底光りする不気味な存在であることをとらえていきます。そして、さらに細かく言うと、語り手はこの場面では「魚」と呼び、かにの子どもらは「お魚」と呼んでいます。しかし、この語り手が次の場面では「お魚」と呼ぶのです。この語り手の魚に対する呼称の変化は何なのか。なぜ魚に対して語り手は、次の場面では敬語を使うのか。その奥にある語り手、作者の思い、意図を考えていきます。

場面ごとに言葉、文、文章を読み、その意味をとらえていく。そして、後の教材分析で紹介しますが、たとえばこの物語『やまなし』では擬音語や比喩、描写などの表現技法、構成に関わる対比や反復などを国語科として学んでいくのです。

〈人間の教育①〉（感情体験）

文学教育のもう一つのねらいが、人間の教育です。それは、まず豊かな情感、情操の育成です。やはり西郷文芸学からの引用です。

◉〈とおしよみ〉（※場面ごとに区切っての読み）では、筋の展開にそって、はじめ、つづき、おわりと読み進めていきます。「てにをは」おさえて、きめ細かく読み進める中で、人物や世界のイメージをつくり、同時に切実な体験をする。切実な体験とは、読者自身が登場人物の気持ちになって、泣いたり、笑ったり、あるいは第三者の立場でかわいそうにとか、こっけいなことよとか、感じたりすることです。

そのために私は、第一次全文通読はせず、はじめから物語を場面ごとに分けて読んでいきます。その理由は、物語の結末を知ってからの読みでは次の場面への興味、関心が薄くなってしまい、切実な体験ができなくなってしまうからです。そして、この文学体験の方法として、「書き出し」という学習活動を設定しています。書き出しとは、文章を読みながら思ったこと、感動したこと、言いたいこと等をノートに箇条書きで書き出していく作業です。

その書き出しの例を二年生の『スーホの白い馬』五年生の『大造じいさんとガン』から紹介します。

『スーホの白い馬』で、殿様がスーホから白馬をとりあげる場面です。

◇スーホのいったとおりなのに、とのさまは、家来たちにめいれいし、スーホは、とてもかわいそうだと思いました。
・ただのひつじかいといわれて、スーホはかわいそうです。
・白馬とスーホが、わかれるというのも、とてもかわいそうです。
◇スーホが、せっかく心をこめて白馬をそだてたのに、ここまでそだてたいみがないとおもいました。
・とのさまは、えらいからって、いばりすぎだと思いました。
・スーホと白馬が引きはなされてしまって、すごくかわいそうだと思いました。
※スーホになって考える、スーホの気持ちを想像して、同情して悲しむ。そして無理やりに白馬をとり上げる殿様に子どもたちは怒るのです。
もう一つ、『大造じいさんとガン』で残雪がハヤブサと戦う場面です。
◇もう残雪の目には、人間もハヤブサもありませんでした。そこで、だれかのために夢中になって戦う、命をけずりかけて戦うということは、すばらしいと、すごく感じました。

◇残雪は、人間やハヤブサがいたってかまわないほど、しんけんに仲間をたすけているんだと思いました。沼地におちていって、力もむこうの方がつよい残雪は、このままどうなってしまうのか、心配です。
※逃げ遅れた仲間のガンを救うために天敵ハヤブサと戦う残雪。その残雪を心配する子どもたち、その戦いに感動する子どもたちです。
小学校六年間には、『大きなかぶ』『スーホの白い馬』『モチモチの木』『ごんぎつね』『大造じいさんとガン』『やまなし』など秀れた作品との出会いがあります。これらの作品、登場人物との出会いを大切にして、貴重な体験を積み重ねていく。これらの体験を積み重ねることによって、人への思いをふくらませていく、豊かな情感、情操を育んでいくのです。

〈人間の教育②〉(人間認識)

文学による人間の教育は、さらに子どもたちの価値観の形成、人間認識とその深まりをめざします。また西郷文芸学から引用します。

◉文芸は人間をえがく。文芸の描写の中心に位置するものは、人間です。芸術としての文芸は、やはりことばによってですが、人間の本質を概念的にではなく、形象的に表現します。

◉国語科で文芸教材を扱うのは、ことば、表現（芸術的表現）については勿論、何よりも人間とは何ぞや、人間というものの本質、真実、そして人間にとってのものごとの価値、意味を認識する力を育てたいということです。

子どもたちは、人間や世界の見方、考え方、つまり哲学や宗教をとくに学ぶことはありません。しかし、文学は人間の真実を探求します。子どもたちは、この文学を学ぶことによって、人間のとらえ方、その本質を学び深めていくことができるのです。

私の授業では、書き出しとその発表のあと、その場面のことばや表現を順におさえながら、この課題に取り組んでいきます。そして、その授業の終わりにその一時間でもった思いや考えをノートにまとめさせます。やはり二年生の『スーホの白い馬』五年生の『大造じいさんとガン』からその場面での終わりの感想を紹介します。

まず『スーホの白い馬』でスーホが白馬の体から馬頭琴を作る場面での子どもたちの感想です。

◇わたしは、思いました。スーホと白馬の心のやさしい糸は、えいえんにきれたりしないと思います。白馬は、死。スーホは、かなしさ、くやしさ。けど、わたしはこんな二人の心が、しんじゅのようにかがやくきれいな心だと思いました。それに二人のやさしい心のいとののりこえは、二人はいつまでも心の中で、いっしょだよというアイズだと思いました。心をこめてせわすれば、やさしい心のもちぬしだと思いました。

※殿様によってスーホと白馬は、引き離されてしまいました。さらに白馬の死によって、二人の別れは決定的なものになってしまいました。しかし、それを〝のりこえる〟ものとして、スーホは白馬の体から馬頭琴を作ったのです。二年生の女の子が、この場面をそう読んだのです。

◇スーホと白馬の間には、ゆうじょうというものがあります。スーホと白馬のゆうじょうは、だれよりも強いと思います。馬頭琴は、白馬の体でつくられました。

心のつながりは、やさしい人とやさしい人にあるものだと思います。心の糸は見えないけれど、きっとどこかでつながっていると思います。

※この物語では、スーホと白馬の関係に対して、殿様と家来の関係が対比されます。共に助け合って、羊を追うスーホと白馬。銀貨二枚を拒否するスーホ。命令と服従の殿様と家来。友情というものは、やさしい人とやさしい人にあるのだと、やはり二年生の子が、この場面、この物語から言うのです。

さらにやはり『大造じいさんとガン』で、残雪がハヤブサと戦う場面での子どもたちの感想です。

◇ここではなぜか残雪が、マザー・テレサのように見えてきました。自分をぎせいにして、貧しい人を助ける。自分をぎせいにして、仲間を助ける。二人とも自分をぎせいにしてまで、仲間や貧しい人を助けているので、何かにているかんじがしました。

※伝記で学んだマザー・テレサとこの残雪の行動に、貧しい人、仲間を助ける活動、行動を見出しています。自己犠牲や献身という人の生き方への気づきが、ここにあります。

◇自分をきずつけてまで仲間を助ける。今の世の中では、仲間をみすて、自分がいい思いをすれば、それでいいという世界だから、戦争がおこるんだ、争いが終わらないのかという考えが、心の底からでてきました。私も命をかけて仲間を守るなんてことはできないけど、せめて仲間を守るというのを実行していきたいです。

※たとえば、リストラ（首切り）を平然と行なう人間、そんな人間が欲望を賭けて争うこの世界への批判です。そんな世界の中でどう生きていくか。その生き方の模索がここから始まるのです。

そして、この物語『やまなし』です。一言で言えば、この物語は人物像ではなく、世界観です。どんな人間を理想とするかではなく、どんな世界を理想とするかです。物語『大造じんさんとガン』では、大造じいさんから見た残雪の人物像とその意味、真実を追究しました。この物語『やまなし』では、「五月」とはどんな世界なのか。「十二月」とはどんな世界なのか。そして、作者・宮沢賢治の願う世界はどんな世界なのか、どこにあるのかを追求していくのです。小学校生活の終わりに、中学校生活の入り口にあって、人物像から世界観へ、「世界」の意味、ほんとうの「世界」を問い、追求していく読みをこの作品から始めていくのです。そのようにこの物語『やまなし』は、位置づくのです。

しかし今、この作品はどのように扱われているでしょうか。教科書の指導書では、宮沢賢治の伝記と合わせて、八時間扱いです。物語『やまなし』だけで言えば、四時間半です。「五月」の場面は、二時間です。「十二月」の場面は一時間です。この秀れた作品を深く豊かに味わうには、この時間設定では無理です。感想画を描いて、その感想を交流するなどという学習活動も設定されています。子どもたちの読解力の低さ、情感の貧しさ、人間理解の浅さ、その原因の一つが、ここにあるのです。

文学を文学として読む。場面ごとにことば、文、文章をていねいにおさえ、イメージ化し、登場人物の行動に同情したり、怒ったり、そしてその意味を追求していくのです。ことばの理解、読解力の向上、豊かな情感、人間認識、世界観の探究。これが子どもたちのことばの発達、文学の価値、そのあり方にそった〝読み〟の姿だと考えます。

文学に真摯に向き合い学んだ時、子どもたちが、クラスが、ふと静かに落ちつくのを感じます。子どもたちが、人へのやさしさや考え深さを見せ始めるのです。

物語『やまなし』の教材分析

1 題名「やまなし」について

やまなしとは、山に自生する梨。ズミという木で地方によりコナシ、コリンゴなどとよばれ、秋には黄色や赤色のたまご形の実をつけるそうです。

この題名「やまなし」は、この物語では、主題を示します。やまなしの行動そのものが、主題です。そして、この『やまなし』は、物語の後半、それも十二月の後半になって出てきます。なぜ物語の終わり近くにやっと出てくる『やまなし』が、この物語の題名なのか。つまり仕掛を含んだ題名になっています。仕掛とは、読者に疑問や期待感をもたせ、先へ先へと読む気にさせるための工夫です。

たとえば、子どもたちは、「五月」の一時間目でノートに書き出しています。

「今日、読んだ時点では、ぜんぜん内容がわかりません。クラムボンが何かも、なぜやまなしという題名なのかも、いっぱいのぎもんがあります。作者は、いっぱいのぎもんを持たせて、読者をひきつけているんだと思います。」と、さらに「十二月」の一時間目では、

「十二月になったけど、まだ『やまなし』というものがでてきてない。これから十二月の谷川は、どうなっていくのだろう。そして、大きくなったかにの子どもたちは、どんな体験をしていくのだろう。」

そして、「十二月」の三時間目で

「やっと今日の文でやまなしが出てきて、私はやっと出てきたという気持ちになりました。出てこないんじゃないかと思いました。」

「やっとやまなしがでてきた。落ちて流れていくだけのやまなしにどういう意味があって『やまなし』という題名がつけられたのだろう。」などと書いています。

ちなみに私の場合、第一次全文通読はしません。はじめから場面ごとに順に読んでいきます。仕掛を生かして読んでいきます。そのためにこのような子どもたちの反応が出てくるのです。

つまり、この作品では、この「なぜ、やまなしという題名なのか。」が、主題追求の疑問、課題となります。そのために物語の冒頭で『やまなし』という題名をしっかりと確認しておくこと、物語における題名の果たす役割についても考えさせておくことが大切です。そして子どもたちは、この作品を読み、この疑問を考え、テーマに迫っていくのです。

2 構成と内容

この物語は、前書き、「五月」の場面、「十二月」の場面、後書きで構成されています。前書きにあるように場所は、〈小さな谷川の底〉この物語は、その底で見えた世界を写した幻灯です。幻灯とは、今で言えば映画と言ってよいと思います。読者は、映画のように「五月」と「十二月」の場面を見ていきます。

「五月」の場面について

時は、五月、昼。場所は、小さな谷川の底。登場人物は、二ひきのかにの子ども、クラムボン、魚、かわせみ、かにのお父さんです。

この物語の視点人物は、〈かにの子どもら〉です。読者は、この〈かにの子どもら〉と一緒になって、「五月」「十二月」の場面を見聞きし、体験していきます。

「五月」は、まずかぷかぷはねて笑うクラムボンが登場します。そのクラムボンを魚が食う。魚によってクラムボンが食われる、殺されます。

「五月」は、魚の動きによって変わる世界です。「五月」は、魚の動きによって場面分けするとよくわかります。

「つうと~、一ぴきの魚が頭の上を過ぎていきました。」

「魚がまたつうともどって、下の方へ行きました。」

「魚が、今度はそこらじゅうの黄金の光をまるっきりくちゃくちゃにしてまた上の方へ上りました。」

魚の谷川を上下する動きによって、クラムボンは殺されたり笑ったり、谷川の日光の黄金も明るくなったり、まるっきりくちゃくちゃにされます。

ここから読みとれることは、魚によって「五月」の谷川は左右される。「五月」における魚の存在、それは、谷川の支配者だということです。

そして、その魚をかわせみが食う。その魚も一瞬にしてかわせみによって食われ、上の方へ上ってしまう。「五月」、それは、「弱肉強食」の世界です。

「十二月」の場面について

時は十二月、夜。場所は、小さな谷川の底。登場人物は、かにの子どもら、お父さんのかに、やまなしです。白いやわらかな丸石、小さなきりの形の水晶のつぶや金雲母のかけらも流れてきて止まる。鉱物が生き物のように転がってくる。しかし、生き物としては、かにの子どもらとお父さんのかにだけです。

「十二月」では、まずそのかにの子どもらが、あわの大きさを競い合います。「五月」の世界と引き続いた生き物たちの争いです。結果、弟のかにが泣きそうになる。「そのとき、トブン。」とやまなしが落ちてくる。〝もう争いは、やめましょう。〟ということです。それっきりかにの子どもらの争いは止み、谷川はやまなしのいいにおいでいっぱいになるのです。

そして、やまなしはさらにぼかぼか流れていって横になり、木の枝に止まります。それを見ての、かにの親子のことばです。

「おいしそうだね、おとうさん。」

「待て待て。〜。ひとりでにおいしいお酒ができるから。」

争いの中に落ちてきたやまなしは、さらに横になって、その身をかにの親子に差し出すのです。

「十二月」は、布施です。布施とは、プレゼントです。我が身を他者に献げるのです。献身です。

まとめると、「五月」と「十二月」は対比の関係になっています。対比とは、違いを比べることです。対比は、後（あと）の部分を強調します。主題、賢治の願いは、「十二月」にあるのです。とくに谷川に飛びこんできたかわせみと落ちてきたやまなしの対比、その違いです。

五月〜クラムボンを食べる魚、そのために谷川を行ったり来たりしていた魚、さらにその魚を食べるために飛びこんできたかわせみ。生きるために他者を取って食う。殺す。そのために一瞬にして魚を連れ去ったかわせみ。

十二月〜かにの兄弟の争いの中に落ちてきて、その争いを止め、谷川をいいにおいでいっぱいにするやまなし。さらにその体を横にして木の枝に止まり、かにの親子の食べ物、飲み物として、その身を献げるやまなし。

このやまなしを作者、宮沢賢治は、この物語の題名としたのです。

「五月」と「十二月」は、よく言われる「弱肉強食」と「平和」ではありません。

「弱肉強食」と「布施」です。他者を取って食べて生きるのではなく、逆に他者に我が身とその力を献げて生きるということです。

詩「雨ニモマケズ」からの引用です。

「一日ニ　玄米四合ト　味噌ト　少シノ　野菜ヲ　タベ」

・生き物を取って食うことを控えるということです。

「北ニ　ケンクヮヤ　ソショウガ　アレバ　ツマラナイカラ　ヤメロト　イヒ」

・かにの兄弟の争いの中に、「そのとき」にやまなしが落ちてきたのも『ツマラナイカラ　ヤメロ』ということだと思います。

「アラユルコトヲ　ジブンヲカンジョウニ　入レズニ」

「東ニ　病気ノ　コドモ　アレバ　行ッテ　看病シテヤリ」
「西ニ　ツカレタ　母アレバ　行ッテ　ソノ　稲ノ　束ヲ　負ヒ」

宮沢賢治は仏教者です。法華経の信者です。「忘己利他」他者に我が身とその力を献げるのです。「弱肉強食」の世界から「献身」をそのあり方とする世界へ。この物語『やまなし』は、まさに賢治の願い、その実践した生き方、献身、布施、利他行です。

3　表現の特徴

この作品の主題は、献身、布施、利他行と考えます。このテーマを比喩や描写などの表現技法や重要語句が、彩り意味づけます。くり返しになることもありますが、もう一度この作品のことばの意味、表現を通して、「五月」「十二月」の場面をとらえてみたいと思います。

〈五月〉

◉比喩「上の方や横の方は、青く暗く鋼のように見えます」

・上や横の方とは、谷川の底から見える上や横の方です。つまり、五月の谷川の水の中です。そこは、まるで青く暗く鋼のように見えるというのです。鋼とは、鋼鉄、鉄をさらに鍛えたものです。しかし、この水の中に鋼などありません。この物語の語り手には、そのように見えるというのです。春の五月なのに、この小さな谷川の水の中は、暗くとても硬いというのです。そのようにこの「五月」の谷川の世界は、書き出されます。

◉重要語句　〝あわ〟

「そのなめらかな天井を、つぶつぶ暗いあわが流れていきます。」

・この「五月」では、その天井（水面）をつぶつぶとあわが、四回も流れます。それは、表現したい大切な意味をもつからこそ、くり返し流れるのです。

このあわは、無常を表します。無常とは、「一切の物は、生滅・転変して常住ではない」（広辞苑）ということです。つぶつぶと生まれては消える現象、存在のはかなさを表します。そして、ここでも「暗い」ということばが出てきます。この「五月」の場面は、春なのに、そして昼なのに暗い世界なのです。

『それなら、なぜクラムボンは笑ったの。』

『知らない。』

「つぶつぶあわが流れていきます。」

・笑うという現象は見えるけど、そのわけはわからない。その笑うということも一瞬のこと、次の瞬間には、その笑っていたクラムボンは、魚によって食われてしまう、殺されてしまう。その現象、存在を生まれては消える無常と表現して、あわはつぶつぶと流れるのです。

◉描写「銀の色の腹をひるがえして」

「自分は鉄色に変に底光りして」

・描写とは、人物の様子などを目に見えるように書き表すことです。

この二つは、魚が谷川の中を行ったり来たりしている様子を描いています。とくに魚が上の方に行く時の描写です。そして、描写にも意味があります。

「腹をひるがえして」これは食べることに飢え、えものをもとめて上っていく魚を表します。この後、クラムボンは魚の腹の中に入ったのです。魚によって食われ、殺され、死んでしまうのです。

「鉄色に変に底光りして」体の奥底から鉄色の光を放って、魚は谷川を上っていくのです。それは、ここでの魚の本質的なあり方を表しているのかもしれません。不気味な感じがします。決して明るいイメージではありません。そしてそれは、「悪いことをしている」「取っている」というのです。

◉重要語句「何か悪いことをしてるんだよ。取ってるんだよ。」

・これが、これまでの魚の行動についてのまとめの言葉です。そして、ここに作者、宮沢賢治の考え方があります。魚が谷川の中を行ったり来たりしながら、クラムボンを取っている、食べている。それは、悪いことだというのです。仏教の五戒の一つ、不殺生戒です。こと（事）とは、行為、行動です。他者の生命を取って食うことは、悪いことなのです。「悪いことをしてはいけません。」これが、我々に共通する一つの教えです。とくに小学生には、「勧善懲悪」をおさえることは、大切だと考えます。文学は、人物の行動を叙述しながら「真善美」、ここでは善悪をとらえ表現し深めていきます。しかし、「悪」ということばが、直接的に使われ、「悪いこと」と断定するのは、めずらしいのではないでしょうか。やはり、ここに賢治の強い表現意志を感じるのです。

◉比喩・色彩語

「青光りのまるでぎらぎらする鉄砲だまのようなもの」

「その青いものの先が、コンパスのように黒くとがっているのも」

・クラムボンを食べ、黄金の光をまるっきりくちゃくちゃにして、五月の谷川を行ったり来たりしていた魚、悪いことをしていた魚。その魚も突然、飛びこんできた何者か(かわせみ)によってとらえられ、「上の方へ」上っていきます。

それは比喩「鉄砲だまのようなもの」だというのです。「鉄砲だま」とは、銃弾、弾丸です。生き物を射殺すものです。すばやく、恐ろしいのです。やはり鉄砲だまが、飛びこんできたのではありません。比喩です。飛びこんできたかわせみを銃弾でたとえる、銃弾としてとらえ、意味づけたのです。生き物の生命を奪うものととらえたのです。描いたのです。飛びこんできた「かわせみ」をなぜ「鉄砲だまのようなもの」と表現したのか。「かわせみ」の存在、あり方、その比喩の意味を子どもたちに問うのです。

そしてそれは、さらにその先が「コンパスのように黒くとがっている」のです。コンパスの先のように細く鋭く黒くとがったかわせみのくちばしにかかって、魚は上の方にのぼり、姿を消してしまったのです。「黒くとがっている」この黒は、悪や死を表します。ここでは、かわせみによって食われ、こわい所へ行ってしまった魚の死を表します。さらにかわせみが魚を取って食べることの「悪」をも表すのです。子どもたちに「黒」のイメージを問います。

◉重要語句 〝あわ〟

「それっきりもう青いものも魚の形も見えず、あわはつぶつぶ流れました。」
・また、泡が流れます。五月の谷川を支配者のように好き勝手に行ったり来たりしていた魚も、一瞬にして姿も形も見えなくなってしまったのです。谷川から一瞬にして姿を消した魚。その魚の存在のはかなさです。弱肉強食。「おごる平氏も久しからず」です。あわは、それを象徴して、つぶつぶと流れるのです。

◉重要語句〝居すくまってしまいました。〟

「二ひきはまるで声も出ず、居すくまってしまいました。」
・ここで改行され、この一文だけで一段落になっています。居すくまるとは、恐ろしさなどで、じっとしたまま動けなくなることです。そしてこれが、視点人物として「五月」の谷川を見てきたかにの兄弟の結果です。「五月」の谷川で展開されてきた出来事は、子がにたちにとって、居すくまるほどに、じっとして動けなくなるほどに恐ろしい世界だったのです。「十二月」の「おどるようにして」と対比になります。

◉重要語句〝白いかばの花びら〟

「あわといっしょに、白いかばの花びらが、天井をたくさんすべってきました。」
・これが、終わりに「五月」の世界全体を意味づける文章（表現）です。
白い花とは、弔いの花です。あわと白いかばの花、はかなさと死です。笑っていたクラムボンも次の瞬間には、魚によって食われる、殺される。その魚も一瞬にして、かわせみによって「こわい所へ」連れさられたのです。あわと白いかばの花、これらはクラムボンや魚たち、その存在の無常を表現するのです。「十二月」の「金剛石」と対比になります。「五月」の谷川は、その天井を、その世界をあわと白いかばの花が、はかなさと死が、おおって流れて終わるのです。子がにたちは、「こわいよ、お父さん。」とくり返すのです。


〈十二月〉

◉描写「その冷たい水の底まで、ラムネのびんの月光がいっぱいにすき通り、天井では、波が青白い火を燃やしたり消したりしているよう」

「あんまり月が明るく水がきれいなので」

・これが「十二月」の谷川の様子です。「ラムネのびんの」は、比喩です。十二月の谷川に「ラムネのびん」があるのではないのです。「ラムネのびん」の色をして月の光が、谷川の底までとどいているのです。青く美しく透き通った谷川です。明るくきれいな世界です。「五月」の「青く暗く鋼のように見えます。」と対比になります。その天井を暗いあわも流れません。晩秋又は初冬、そして夜です。「辺りはしんとして」静かです。「五月」が「動」の世界ならば、「十二月」は「静」の世界と言ってよいと思います。

◉重要語句〝あわ〟


「やっぱり、ぼくのあわは大きいね。」

「〜、ぼくだって、わざとならもっと大きくはけるよ。」

「〜、おや、たったそれきりだろう。」

「お父さん、ぼくたちのあわ、どっちが大きいの。」


「それは兄さんのほうだろう。」

弟のかには泣きそうになりました。

・ここでの「あわ」の意味は、五月のそれ（無常）とは多少違う。「あわ」は、形はあっても中味はない。中は空（くう）である。そして、はじけて消えるものである。ここは、その大小を比べ競うことの空（むな）しさ、愚かしさである。「もう　ねろねろ」と言われても執着し、その結果、弟のかには泣きそうになるのです。無常、空なるものに固執する子がにたち。煩悩です。

「十二月」に出てくる生き物は、かにの子どもたちとそのお父さんです。「五月」の生き物たちの争いを見て、「こわいよ。」とふるえていたかにの子どもたち。夏から秋の間にすっかり大きくなったかにの兄弟。しかし、そこに煩悩も芽を出し、肥大していたのです。「十二月」の青く美しく透き通った明るい谷川で、しんと静かな谷川でかにの兄弟たちも虚しい争いをくり返すのです。

◉指示語、擬音語「そのとき、トブン。」

・「そのとき」とは、かにの兄弟が、あわのはき比べをして、その結果、弟のかにが泣きそうになった時です。その谷川にやまなしは、「トブン。」と落ちてきました。静かな音、穏やかな音です。やまなしが落ちてきて、かにの兄弟の争いは止(や)みました。「ドブン。」などと比べ読みをします。しかし、「ドブン。」では、この争いをさらに激しくしてしまったかもしれません。この落ちてきたやまなしを「黄金のぶち」がきらきらと飾ります。貴重なもの、尊いものの到来です。

　五月の谷川に落ちてきたかわせみは、「争い」そのものでした。魚を取って食うために飛びこんできたかわせみと、このやまなしは対照的です。違うのです。競争のあげく、まさに弟のかにが泣きそうになったその時に落ちてきたやまなし。それは、もう〝争いはやめましょう。〟ということです。「五月」から引き続く生き物たちの争い。それに対する警告です。それは、煩悩になやまされ、相争うこの世界からの出立(しゅったつ)を促しているかのようです。「ああ、いいにおいだな。」やまなしは、さらに月明かりの谷川の中をいいにおいでいっぱいにするのです。

◉反復表現

「流れていくぞ。ついていってみよう。」

「三びきは、ぼかぼか流れていくやまなしの後を追いました。」

「合わせて六つ、おどるようにして、やまなしの円いかげを追いました。」

・やまなしの後を追うかにの親子の姿がくり返し語られます。反復、くり返しは強調です。「五月」の「まるで声も出ず、居すくまってしまいました。」と対比になります。「おどるようにして」とは、心をわくわくさせ、とびはねるようについていく様子です。恐怖と喜び。かにたちにとっての「かわせみ」と『やまなし』の存在の違いです。「ついていってみよう。」「おどるようにして、やまなしの円いかげを追いました。」これは、作者、宮沢賢治が「法華経」の教えに真理を見出し、その道を追い求め、実践した姿に重なります。

◉重要表現「やまなしは横になって木の枝に引っかかって止まり」

・十二月の谷川をぼかぼか流れていくやまなし。擬態語「ぼかぼか」は、やまなしが縦に上下しながら流れていく様子を表します。「トブン。」「ぼかぼか」やまなしの重さも感じます。そのやまなしをおどるようにして追うかにの親子。やまなしは、終わりに横になって木の枝に引っかかって止まります。そのやまなしを見て、子がにたちは、「おいしそうだね。」と言い、お父さんのかには、「待て待て。～。ひとりでにおいしいお酒ができるから。」と言います。やまなしは、自らその体を横にして止まったのです。そして、かにの親子の食べ物となって、飲み物となって、その身を献げるのです。献身です。

かわせみは、谷川に飛びこんできて、魚をそのくちばしにかけ、連れ去りました。自らが生きるために取って食ったのです。やまなしは、かにの兄弟の争いの中に落ちてきて、その争いを止め、谷川をいい匂いでいっぱいにしました。そして、最後、自らの体を他者に献げたのです。くり返し、この物語は、「弱肉強食」と「平和」ではありません。「弱肉強食」と「布施、献身」です。布施とは清らかな贈り物です。他者を取って食うのではなく、逆に自らを、その力を他者に献げて生きるのです。そして、何の返礼も返恩も期待しないのです。さらに言えば、自らのこの在り方を「デクノボー」と呼ばれることもよしとするのです。

賢治は、この『やまなし』のあり方、姿を理想として生きたのです。この『やまなし』にその追い求めた理想を表現したのです。この横になったやまなしに「月光のにじがもかもか集まり」、七色に美しく彩ります。この『やまなし』の在り方、生き方こそ、美しいというのです。

◉比喩「波は、いよいよ青白いほのおをゆらゆら上げました。それはまた、金剛石の粉をはいているようでした。」

・これが、「十二月」の世界を意味づける表現です。「五月」の「あわといっしょに、白いかばの花びらが、天井をたくさんすべってきました。」と対比になります。あわと白いかばの花びら、それは無常と死、相争う生き物たちの生命の儚（はかな）さを表しました。

十二月のはじめ、天井では「波が青白い火を燃やしたり消したりしているよう」でした。ここでは、その「波がいよいよ炎」となって燃え上がります。「いよいよ」とは、「ついに」「とうとう」「ますます」ということです。

明るく静かな十二月。争いの止んだ世界。他者にその体を布施するやまなし。救いと献身。

「それはまた、金剛石の粉をはいているようでした。」やはり金剛石の粉が、ここにあるのではないのです。この「十二月」の世界を意味づける比喩表現です。金剛石とはダイヤモンドです。最も美しいということです。最も堅固ということです。この「十二月」の美しい世界が壊れずに永遠であれということです。賢治の願い、祈りです。賢治は、この「十二月」の世界を最高に美しく燃え上がらせて、この物語を終わるのです。

4 主題「献身」

この、物語は、「五月」と「十二月」の二場面で構成されています。「五月」と「十二月」は、対比の関係です。具体的には、魚を取って食うかわせみとその実（身）をかにの親子に差し出すやまなしとの対比です。対比は後者を強調します。つまり、「十二月」の場面に、『やまなし』に主題はあるのです。

主題「献身」とは、「一身を捧げ尽くすこと。自己の利益を顧みないで力をつくすこと。自己犠牲。」（広辞苑）です。

つまり、かわせみのように他者を取って食って生きるのではなく、やまなしのように我が身とその力を他者に献げて生きる。それをくり返す。それを行ずる。この『やまなし』の在り方、姿が、最も美しいということです。

単元計画

第一次　題名読み　一時間
第二次　「五月」　八時間
第三次　「十二月」　四時間
第四次　感想文を書く　三時間　（全十六時間）

※一読総合法によっていますので、一般的に行われてい

る始めの全文通読はしません。始めから、場面ごとの精読に入ります。三読法では、まず全文通読をし、課題づくりを行い、その課題にそって読んできますが、一読総合法では、物語を読みながらそこから生まれてくる「疑問」（※西郷文芸学ではこれを仕掛けといっている）を大切にして読んでいきます。全文通読をしませんので、次の場面を想像しながら読んでいくことになります。

※読みの方法論は、「一読総合法」、教材分析の理論は、「西郷竹彦文芸学」によっています。

各一時間の流し方

◉前時の読み

◉前時の内容の確認

◉本時の読み〈指名読み・斉読〉

◉書き出し

本時で扱う段落の内容について、自由に、イメージしたことや感想・疑問などをノートに書かせる。一人読みとも言う。児童は、これらの活動を通して、文学体験をくり返します。言葉・文・文章からイメージした内容に対して、子どもたちは喜んだり、悲しがったり、主人公を応援したり、また、別の登場人物に怒ったりします。また、美しい情景に感動をおぼえたりするのです。自力読みです。

◉話し合い〈書き出しの発表・交流〉

本時の場面を拡大コピーし、黒板に貼り、子どもの発表をそこに書きこんでいきます。

◉本時内容の確認・読み深め

教師の発問を中心に進める。すべての子が本時の内容を確認するために。本時の重要事項の指導を通して、さらに読みを深める。

話し合いが終わったあと、授業の後半は、教師の発問によって内容・表現をしっかりと確認しながら読んでいきます。前半の「一人読み」で十分に読み取れた子もいます。しかし、読みの不十分な子の方が多いのです。そして、何よりも教師として本時の課題・テーマに迫るためです。

◉本時の感想を書く

みんなで話し合ったり、教師と勉強したりして読み深めた本時の内容、体験を感想としてまとめる。

◉本時の感想を発表する

授業を始めるにあたって

物語の読みでは、作品をいくつかの段落に分けて、読んでいきます。そして、その分け方がとても大切なのです。子どもたちにどのように一時間ごと、作品を提示していくかによって、作品の体験の仕方、内容が変わってしまうのです。その意味でも徹底した教材分析が必要です。この物語『やまなし』を子どもたちに、どのように一時間ごと提示し読んでいくか、その分け方を巻末にのせました。その流れをぜひつかんで授業に入ってください。

ここでは題名読み、「五月」「十二月」の全一三時間のすべての発問と子どもたちの書き出し、感想をのせました。

この通りやってみてください。先生方のさらなる解釈や工夫を加えてやってみてください。そして、授業を始める前にこれらの発問等をよく読んでください。しかし、これらの発問には私なりの言葉遣いや間、タイミングがあります。できれば、これらの発問を先生方の言葉に書きかえていただければ、先生方の発問がより生きたものになり、子どもたちの心に響くものになると思います。

『やまなし』の授業

第一次　題名・前書きの読み　一時間

六　作品の世界を深く味わおう　物語

やまなし　宮沢賢治（みやざわけんじ）

小さな谷川の底を写した、二枚の青い幻灯（げんとう）です。

◉やまなし…バラ科の落葉高木。高さは十五メートルにもなる。四月、白色で約三センチの花を開く。果実は、ほぼ球形で二、三センチ、褐色に熟す。本州から九州の山地に自生する。食用のナシは、本種から改良されてつくられた。（日本大百科全書　小学館より）

・『やまなし』は、この物語の題名です。しかし、このやまなしが登場するのは、この作品の最後です。この題名「やまなし」をはじめにとらえることによって、子どもたちは、なかなか出てこないやまなしがどうしてこのお話の題なのかという疑問をしだいにふくらませていきます。

◉前文は、この物語全体の場面設定です。

◉谷川とは、ただの川と違って、どんな所なのか。山が両側から迫り、その間を流れる川。ここでは、小さな谷川です。
◉底　・川などのいちばん下の部分。決して上ではない。小さな谷川の、その底から見える世界。そこでくり広げられる事件を子どもたちは、これから体験していくのです。「天」「天上」ではなく「底」です。「社会の底辺で生きる」などという言葉があるように、ここでは、生き物たちが日々生きる〝現実〟と言ってもよい。
◉青　・空の色、空（くう）ととらえる。宮沢賢治の作品には、「青」が多く出てきます。この作品でも〝青い〟〝青白い〟がくり返し出てきます。〝青白い〟〝青黒い〟など賢治の〝青〟は白と黒の相容れぬ矛盾を内包する修羅の象徴だと西郷先生は、言っています。修羅とは、人間と畜生の間に位置する存在です。
◉幻灯　・今で言うスライドや映画
・言葉の意味としては、まぼろし、たちまち消えるもの、はかないもの
・この作品の「幻灯」には、仏教でいう「色即是空」の考え方があるという。色は現象。すべての現象は空(くう)であるという認識です。実際の授業では、「幻灯って、今でいうと何ですか。」と子どもたちに聞きました。「そう、スライドや映画を見るようなつもりで、この物語を読んでいってください。」ということで、五月の世界に入っていきました。
◉「青」や「幻灯」などの仏教的な意味を六年生に追求することはしません。ただこの物語の背景として〝はかなさ〟が流れているという理解でよいと思います。

【ねらい】
◉題名「やまなし」について考え、話の内容を予想する。
◉前文から物語の場所である「谷川の底」をイメージする。
◉「青い幻灯」とは、どんなものか考える。

■■■題名の読み■■■

◉はじめます。今日から物語の勉強に入っていきます。物語の題名・作者を書きますから、ノートに写してください。
・だれか題名・作者を読んでください。
・みんなで読みましょう。
◉これから読んでいく物語の題名は何ですか。
・さあまず、なしとは、何ですか。
・では、やまなしとは、何ですか
・普通のなしとどう違うのですか。
◉さあ、この物語、作者はだれですか。
・宮沢賢治さんについて知っていること、いくつか言ってみてください。
・そして、君たち、宮沢賢治さんのどんな作品を読んだことが、ありますか。
・さあ君たち、もう一度このお話の題名は何ですか。
・さあ、この題名「やまなし」からどんなお話を想像しますか。

※　物語の題名・作者を板書する。

■■■前書きの読み■■■

◉では、今日は、前書きの部分をやります。だれか読んでください。
・みんなで読みましょう。

■■■書き出し■■■

◉では、とても短いですが、この前書きの所でわかったことや思ったことをノートに箇条書きで二つ以上書いてみてください。

■■■話し合い■■■（書き出しのノートをもとにして発表し、話し合う）

・場所は小さな谷川の底。
・このお話は小さな谷川を写した話。
・谷川の底を写した青い幻灯ってなに？
・「灯」なのに「枚」はおかしい。

■■■本時の内容の確認・読み深め■■■

〈谷川の底のイメージをつかむ〉

◉さあ、この話、どこを写した何だというのですか。
・「谷川」とは何ですか。どんな所でしょうか。
・ただ、川とは、どう違うのですか。
・そして、さらに「底」とはどういう所ですか。

・「底」の反対は、何ですか。

・まとめて「小さな谷川の底」とは、どんな所を想像しますか。

〈幻灯についてのイメージをつかむ〉

◉さあ、この物語、さらに谷川の底を写した何だというのですか。

・「幻灯」とは何ですか。どういうものかわかりますか。

・幻灯とは今でいうと何ですか。

・でも、たとえば、映画とどう違うのですか。

・そして、言葉から言うと、幻灯の幻とはどういう意味ですか。

・灯とは、どういう意味ですか。

・まとめて幻灯とは、どういう意味ですか。どういうものだということですか。

・そして、さらに何色の幻灯ですか。

・さあ、「青」とはどういう色ですか。青のイメージを言ってください。

〈この物語の場所が谷川の底であることを確認する〉

◉さあ、今日は、この前書きの部分から、とりあえずこの物語の何がわかりましたか。

・そして、私たち読者は、何を見るつもりでこの物語を読んでいくのですか。

■■■おわりの感想を書く■■■

◉では、今日の所の題名や前書きから思ったこと、考えたことなどをノートに一〇〇字以上で書いてください。

※幻～まぼろし
青～空の色、空（くう）。この意味は、むずかしいので考えさせる程度でよい。

※この物語の場所が谷川の底であること、幻灯を映画を見るつもりで読んでいくことをおさえる。

★わたしは、この『やまなし』の話は、小さな小川の底の話で、幻灯のように、夢のようなぼんやりとした世界を感じてほしいと思って題名や前書きをかいたのだと思いました。

★二枚の青い幻灯とは、夢みたいな事、明かり。やまなしを読むのには、自分の想像で話を進めていくのがわかった。二枚の青い動く物、ムービーを宮沢賢治さんは想像して作ったんだと思った。

★「幻灯」と言う言葉から病弱と言うか、貧しいと言うか、暗いイメージしか出て来ない。おそらく宮沢賢治が病気だったからだと思われる。「幻」は死ぬまぎわに見えるような物のような気がする。

第二次「五月」の世界を読む　八時間

「五月」❶ 青く暗く鋼(はがね)のように見える五月の谷川。

一　五月

二ひきのかにの子どもらが、青白い水の底で話していました。

「クラムボンは　笑ったよ。」

「クラムボンは　かぷかぷ笑ったよ。」

「クラムボンは　はねて笑ったよ。」

「クラムボンは　かぷかぷ笑ったよ。」

上の方や横の方は、青く暗く鋼(はがね)のように見えます。そのなめらかな天井(じょう)を、つぶつぶ暗いあわが流れていきます。


◉一枚目の幻灯は、春、「五月」です。この「五月」の谷川に登場したのが、二ひきのかにの子どもたちです。そして、この二ひきの子どもたちが、この物語の視点人物です。語り手は、この二ひきのかにの子どもたちに寄り添って、五月の谷川の底の世界、そこから見える世界を語っていきます。読者である子どもたちも二ひきのかにの子どもたちの側から語られるその世界を見聞し、体験していくのです。かにの子どもたちの目と心で見ていくことになります。大人の目・心ではありません。

◉さらに登場人物「クラムボン」です。「クラムボン」が、現実の自然界に生息する何にあたるのだろうかという議論は、いらないと思います。クラムボンは、谷川にいて笑う生き物です。かぷかぷ笑う、はねて笑う生き物です。「クラムボン」という名称から想像される生き物です。子どもたちは、これらの文章表現にそって、「クラムボン」というものをイメージ化するのです。これらの表現からイメージ化される生き物が、クラムボンです。それが、物語の読み、物語の世界です。

◉比喩、「青く暗く鋼のように」…さらにここでは、かにの子どもら、クラムボンを囲む谷川、水の様子が語られます。それは、暗いのです。直喩「鋼のように」硬いのです。鋼とは、鉄をさらに鍛えたものです。鋼鉄です。ここで子どもたちに五月の谷川、水の中のイメージをとらえさせます。「青く暗く鋼のように」からどんな感じを受けるか、たずねます。私たちがもっている「さらさら流れる小川」のイメージではないのです。賢治のとらえる春、五月の谷川のイメージは、暗く、きわめて硬いのです。触れれば、冷たく傷つきそうな厳しさを感じます。

◉比喩「なめらかな天井を」…天井とは、水面のことです。語り手が川底のかにの子どもたちの所にいて、語っているので、谷川の川面が「天井」となるのです。ここでこの物語の視点を確認します。そしてこれも比喩です。「〜のような」などのことばのない隠喩です。川面が天井に喩えられているのです。

◉以上が、物語『やまなし』の場面設定です。川底のかにたちから見える谷川の世界です。絶妙な場面設定です。かぷかぷはねて笑うクラムボンは、この後、出てくる魚に食われる、殺される。魚は「そこらじゅうの黄金の光をまるっきりくちゃくちゃにして」谷川を行ったり来たりする。我が物顔にふるまう魚。しかし、その「天井」のさらにその上にも別の世界、谷川の底のかにたちからは見えない世界があるのです。

◉あわ…気泡。はかないもののたとえ。この「五月」の世界を象徴します。はねて笑っていたクラムボンが魚に殺される。その魚も一瞬にしてかわせみにやられてしまう。谷川をおおうその天井を暗い泡が、つぶつぶと諸行無常と流れるのです。十二月の谷川をあわは流れないのです。この場面では、まず「あわ」とはどのようなものかをおさえればよいと思います。

◉まとめて、ここではまず、谷川の底からかにの子どもらの目を通して見えた春、五月の谷川のイメージをとらえます。クラムボンは、笑います。かぷかぷはねて笑います。春、五月の動きのある明るいイメージです。しかし、それをとり囲む谷川の水は、暗くとても硬いのです。明と暗のイメージです。明を暗が囲む世界です。春なのに暗いのです。作品の冒頭から暗いあわが、つぶつぶ泡立つように生まれ、流れていくのです。

子どもたちに聞きます。五月と言ったら、季節はいつですか。春でも五月は、三月や四月とどう違う。（生き物が、より活発に動き回るということ）君たちのもっている五月のイメージは、どんなですか。この物語『やまなし』の五月、その書き出しは、君たちのもっている五月のイメージとどう違いますか、と。

【ねらい】
◉五月の場面（時、登場人物）とらえる。
◉書き出された五月の谷川の様子、世界をとらえる。

■■■前時の読み■■■

◉では、はじめます。きのうやった所をだれか読んでください。
・きのう、おわりに書いた感想をだれか読んでください。

■■■本時の音読■■■

◉では、今日から物語の本文に入っていきます。○頁、○行目までだれか読んでください。
・みんなで読みましょう。

■■■書き出し■■■

◉では、今日の所で君たちが思ったこと、感じたこと、考えたこと、イメージが浮かんだことなど、自由にノートに箇条書きで三つ以上書いてください。

※書き出しにかける時間は、五～一〇分。

■■■話し合い■■■（書き出しのノートをもとにして発表し、話し合う）

○かぷかぷというところでかぷかぷとは、音の感じで様子をたとえている。
○上の方や横の方は、青く暗く鋼のようにとたとえをつかっている。

（Oくん）

○今日、読んだところでは、静かな谷川の情景を言葉に表現しているんだと思いました。
○カニの子供の会話で最後に「よ」ってついているのでカニの子供たちも楽しそうに会話しているみたいだった。
○暗いあわが のところで前までは、谷川がとても明るそうだったのがいっきに暗くなってしまったてかんじがします。

（Aさん）

・最後の3行は、語り手自身がその景色を見ているような書き方
・クラムボンとは何か（だれか）。又、なぜ笑っていたのか。
・天井を、という比喩を使い、そのなめらかさを強調している。
・作者の想像した幻灯を文章にまとめたもの

（Oさん）

※実際には、これらノートの書き出しを発表しながら子どもたちの話し合いが進められる。

本時内容の確認・読み深め

〈五月の場面の時、登場人物をおさえる〉

◉さあまず、この「一」の意味はなんでしょうか。どうしてまず「一」なのですか。

・そしてこの物語、まず、時はいつですか。(五月)

・出てきたのはだれですか。(二ひきのかにの子どもら、クラムボン)

◉さあ、時、五月、これ、季節はいつですか。

・春とは、どんな季節ですか。

・そして、五月、それは、春の中でもどんな季節ですか。三月や四月とどう違いますか。

〈登場人物のかに、クラムボンをイメージ化する〉

◉そして、かに〜これはどこに住むかにですか。(谷川)

・君たち、「かに」について知っていること、いくつか言ってみてください。

・さあ、そのかにの子どもたち、何を話していたのですか。だれのことを話していたのですか。

・「クラムボン」って、聞いたことありますか。

・そのクラムボン、どうしたというのですか。(笑ったよ。)

・どんなふうに笑ったというのですか。

・「かぷかぷ笑う」ってどんな様子ですか。

・「はねて笑う」って、どういうことですか。

・さあ、まとめて、クラムボンて何ですか。どんな物を想像しますか。

※「五月」生き物が活発に動き回る月。

※クラムボンがどのようなものかについては深入りしない。言葉からイメージできる範囲でよい。

※擬態語―かぷかぷ
擬態語とは、物事を音でたとえた言葉である。『やまなし』では、擬態語・擬音語がよく出てくるので取り立てて指導していく。

・「クラムボン」という名前からも、どんな生き物を想像しますか。

〈五月の谷川の様子をイメージ化する〉

◉さあ、その谷川のどこやどこが、どのように見えるというのですか。

・上の方とは、どこのことなのですか。

・横の方とは、どこのことなのですか。

・そして「鋼」とは、何ですか。

・たとえば、鉄とどう違うのですか。

・さあ、「青く暗く鋼のように見えます。」とは、どんな様子ですか。どんな感じを受けますか。

〈天井という言葉から、この物語の視点をつかむ〉

◉さあ、最後、どこを何がどうしていくというのですか。

・ここで「天井」とは、どこのことを言うのですか。

・どうして、水面がここでは天井になるのですか。（視点が川底のかにの子どもらだから）

・そして「あわ」とは、何ですか。どんな物ですか。

・「暗いあわ」とは、どんなあわですか。

・「つぶつぶ暗いあわが流れていく」とは、どんな様子ですか。

〈書き出された五月の谷川のイメージをまとめる〉

◉さあ、まとめて、書き出された五月の谷川の世界、どんな世界ですか。どんな感じを受けますか。

※視点人物は、かにの兄弟。語り手が、カニの兄弟に寄り添って語っていく。

※比喩「青く暗く鋼のように」これが、カニの子どもたちをかこむ五月の谷川の世界です。そのように書き出されたのです。

※あわ～中は空、われて、消える。この作品では無常を表す。

・そして、君たちがもっている五月のイメージと、どう違いますか。

※ 五月なのに暗く硬い。明と暗の世界。

おわりの感想を書く

◉では、今日の所で思ったことや考えたことをノートに一〇〇字以上で書いてください。。私は一番最初に思った事は、一度この谷川を見てみたいなと思いました。作者が言うように青い幻灯、とくに青に引かれたようです。絵でもあるように光がキラキラと光っていて、その中での小さな会話が楽しそうでした。それとクラムボンと言う生物やそしてこれから→どの部分でやまなしがでてくるのかなどが知りたいです。

（Kさん）

100。五月の水の世界は、カニやほかの生き物たちがゆっくりと楽しい会話のできる情景を思いうかべました。カニたちがクラムボンの話しをしているところで1ぴきのカニは、クラムボンのことを楽しそうに話していたけども1ぴきのそれに対しての答えがないのは、どうしてなのだろうと思いました。それから比喩が書いてあるところで水の中は、明るい情景をうつしだしたり時々暗い情景もかいてあったのがとても印しょう的だったです。これから読む時には、宮沢賢治さんのおもしろい表現のしかたを宮沢が考えた情景どおりに情景を思いうかべられるといいなあと思いました。

（Aさん）

今日、読んだ時点では、ぜんぜん内容がわかりません。クラムボンというのが何かも、なぜ、やまなしという題名なのかもいっぱいのぎもんがあります。作者は、いっぱいのぎもんをもたせて読者をひきつけているんだと思います。比喩を使い話しの内容をおもしろくしているんだと思います。これから先を読んでぎもんがとけていくといいと思います。

（Aさん）

※　これが「一読法」の良さです。物語の中から、子どもたちは疑問をつかみ、その疑問をふくらませたり、解決しながら読み進めていくのです。

「五月」❷ くり返しクラムボンは笑い、あわが流れる。

「クラムボンは　笑っていたよ。」

「クラムボンは　かぷかぷ笑ったよ。」

「それなら、なぜクラムボンは　笑ったの。」

「知らない。」

つぶつぶあわが流れていきます。かにの子どもらも、ぽつぽつぽつと、続けて五、六つぶあわをはきました。それは、ゆれながら水銀のように光って、ななめに上の方へ上っていきました。


◉本時は、前時と反復の関係にあります。「クラムボンは、かぷかぷ笑ったよ。」～「明」のイメージのくり返しです。そして、その川を無常のあわが、つぶつぶと流れていきます。明るく活動的な「五月」。しかし、それは、はかない。このことが、くり返し語られるのです。これが「五月」の基本的な場面設定です。くり返しは、強調です。大切だからです。この物語の出発点のイメージとして、二時間かけてしっかりとおさえます。物語の読みでは、はじめの部分を、基本的な場面設定をしっかりととらえていく。子どもたちは、のってこないけど、じっくりとがまんしておさえていく。それが、最後の盛り上がりにつながっていくのです。

◉「それなら、なぜクラムボンは笑ったの。」「知らない。」ここが、本時の一つのポイントです。現象は見えるけど、その理由は、分からない。笑っているのは見えるけど、そのクラムボンの心は、分からない。次時の「それなら、なぜ殺された。」「分からない。」に続きます。子どもたちに聞きます。「どんな感じがしますか。」何か読者に不気味な感じを与えます。文学の読みで問うことに、たとえば、様子・気持ち・理由・意味・感じなどがあります。「感じ」とは、心に受ける印象、感情です。こわい、暗い、きれいなどです。ここで〝どうして分からないのでしょう。〟などと子どもたちに問うのは、ふさわしくないと思います。作品を味わうのです。

◉「かにの子どもら㋲〜、あわをはきました。」「も」は並列の助詞です。谷川を流れるあわ。そして、かにの子どもたちも、あわをはく。諸行無常のあわをはく。かにの子どもたちも、無常の存在です。比喩「ゆれながら水銀のように光って」〜子どもが、感想で書いているように、一つひとつの「あわ」＝「生き物」は、はかない存在だけれども、それは生きて輝く存在なのかもしれません。「あわ」をはくかにを視点人物に設定したこともすばらしいと思います。「十二月」には、この「あわ」の大きさを競う子がにの兄弟が出てきます。

【ねらい】

◉前時とのくり返し。明るくはかない五月の世界をとらえる。

◉「クラムボンは笑った」「それならなぜ笑った」「知らない」見えるけどその理由はわからない、その少し不気味な世界を感じる。

■■■前時の読み■■■

◉では、はじめます。きのうやった所をだれか読んでください。

・きのう、おわりに書いた感想をだれか読んでください。

■■■本時の音読■■■

◉では、今日は、○頁、○行目までです。だれか読んでください。

・みんなで読みましょう。

■■■書き出し■■■

◉では、今日の所で君たちが思ったこと、感じたこと、考えたこと、イメージが浮かんだことなど、自由にノートに箇条書きで三つ以上書いてください。

■■■話し合い■■■（書き出しのノートをもとにして発表し、話し合う）

★「水銀のように」と比喩を使っている。

・「つぶつぶ」・「ぽつぽつ」のように擬声語を使っている。
・『やまなし』とどう関わっていくのか?
（Hさん）
★つぶつぶあわが流れていきます。と言うところで、かにの子供たちのほかにいろいろな生き物が、川の中にいるということを表わしていると思う。
・ゆれながら水銀のように光って、と言うところで、ゆっくりとしゃぼん玉のようにななめに上の方へ上っていったのだと思う。
（Yさん）

■■■本時内容の確認・読み深め■■■

〈かにの兄弟の会話からクラムボンの様子をとらえる〉

◉さあ、だれの会話ですか。
・かにたち、だれを見て、だれの事を話しているのですか。
・さあ、やはりクラムボン、どうしたというのですか。
・「かぷかぷ笑う。」これ、どんな様子を思いうかべますか。
・「かぷかぷ笑っていたよ。」「かぷかぷ笑ったよ。」これ、どんな感じを受けますか。

〈クラムボンの様子はわかる、しかし、その理由はわからない。そんな世界をとらえる〉

◉さあ、そこでかにの子どものもった疑問は何ですか。
・さあ、笑う、普通、どんな時に笑いますか。
・どんな理由で笑いますか。
・さあ、ここでは何だって。クラムボン、どうして笑ったというのですか。

※クラムボンが笑った理由は「知らない。」文章表現通りです。その理由を勝手に想像させてはいけません。

・「知らない。」これ、別の言葉にすると何ですか。（分からない。）

◉さあ、くり返しだれは、何を知らない。何が分からない。

・つまり、かにたちにはクラムボンの何は分かるのですか。見えるのですか。

・でも、何は知らない、何は見えない、分からないというのですか。

・さあ、この五月の世界、この点からも、どんな感じを受けますか。どんな世界に思われてきますか。

〈くり返し、あわが流れる五月の谷川の様子をとらえる〉

◉さあ、五月の谷川、やはり何がどうしていくというのですか。

・くり返し、あわとは、どういうものですか。

・そして、かにの子どもらも何をどうしたというのですか。

・そして、それはどこにどうしたというのですか。

〈くり返し、書き出された五月の世界をまとめる〉

◉さあ、まとめて、きのうの所と今日の所で同じことは何ですか。くり返されていることは何ですか。

・さあ、まとめて、この五月、どんな感じを受けますか。この五月、どんな世界ですか。

■■■おわりの感想を書く■■■

◉では、今日の所で思ったことや考えたことをノートに一〇〇字以上で書いてください。

※かにの子らにとって、クラムボンの様子は見えても、その心はわからない。現象はわかってもその奥は見えない。そういう関係の世界である。

※五月の書き出しでクラムボンが笑い、あわが流れることがくり返される。明るさと無常。このクラムボンは次時では一瞬にして殺される。

★筆者はあわから川の中の様子を想像させている。かにの子どもたちから見たら、川の中はとても不思議で、神秘的なものなのだろう。
あわが「ななめに上の方へのぼって」いったということは、川がしずかにながれているのだと思った。宮沢賢治さんは、書き方がうますぎて、私には、よく分からない部分がたくさんある。

（Hさん）

★あわが一つぶ一つぶ流れることによって、命が育っている。それを、ゆれながら「水銀」のように光っているとたとえるとは、すばらしいと思う。
川の中に流れるあわは、川の中に生きている生物のいきなのだから、一つぶ一つぶが、かがやいているにちがいないと思う。

今日のところでも、「クラムボン」のしょうたいは、よく分からなかったので、はやくしりたいと思います。

（Yさん）

★作者が、この物語で、クラムボンとは何か、などはっきり書き表さないのは、読者に想像させるためだと思う。細かく書き表してこそ、想像できる、という場合もあるけど、この物語は、幻想的な部分が強いから、作者はこの方法を使ったような気がする。そして、作者だけの表現が、異世界のような感じを、表現しているように思えた。
（Oさん）

「五月」❸ 魚の登場。魚が頭上を過ぎてクラムボンが殺される。

> つうと銀の色の腹をひるがえして、一ぴきの魚が頭の上を過ぎていきました。
> 「クラムボンは　死んだよ。」
> 「クラムボンは　殺されたよ。」
> 「クラムボンは　死んでしまったよ……。」
> 「殺されたよ。」
> 「それなら、なぜ殺された。」
> 兄さんのかには、その右側の四本の足の中の二本を、弟の平べったい頭にのせながら言いました。
> 「分からない。」

◉「魚」の登場です。「つうと」は、副詞で、人が気づかないように動作するさまを表します。「銀色の腹をひるがえして」～どうして腹の様子を語るのか。物に飢えた、獲物をとらえようとする、そんな不気味さ、恐ろしさを感じさせます。

◉そして、つぎの瞬間には、クラムボンは死にます。殺されます。さっきまで、かぷかぷはねて笑っていたクラムボンは、もう生を終わってしまったのです。はかなさ、無常ということです。「笑い」から「死」へ。「明」から「暗」への変転です。暗転です。そして、ここで私は、「死んだよ。」「殺されたよ。」の違いを問題にし、子どもたちに問いました。〃いったいクラムボンは、死んだのですか、殺されたのですか。どっちなのですか。〃と。ここは、殺されたのです。「つうと銀の色の腹をひるがえして」頭上を過ぎていった魚によって、クラムボンは、食われた、殺されたのです。

◉「それなら、なぜ殺された。」「分からない。」現象は、見えるけれど、その理由(わけ)は、分からない。前時の「それなら、なぜクラムボンは笑ったの。」「知らない。」これのくり返しです。ここでは、殺された、その理由もわからないのです。子がにたちを視点人物に設定することによって、そのように描いているのです。やはり子どもたちに、〃どんな感じがしますか。〃とたずねます。「五月」の世界のイメージを問うのです。子がにたちにとって、恐く不気味な世界です。その世界を読者は、体験していくのです。

【ねらい】

◉「魚が頭上を過ぎて、クラムボンは死んだよ。」魚によって一瞬にして殺されるクラムボン。弱肉強食、無常の世界の始まりをとらえる。

■■■前時の読み■■■

◉では、はじめます。きのうやった所をだれか読んでください。

・きのう、おわりに書いた感想をだれか読んでください。

本時の音読

◉では、今日は、○頁、○行目までです。だれか読んでください。

・みんなで読みましょう。

書き出し

◉では、今日の所で君たちが思ったこと、感じたこと、考えたこと、イメージが浮かんだことなど、自由にノートに箇条書きで三つ以上書いてください。

話し合い（書き出しのノートをもとにして発表し、話し合う）

★二ひきのカニの関係は、友達じゃなく兄弟だとわかりました。

・「クラムボンは、死んでしまったよ……。」の点々は、「死んでしまったよ。」の言葉を強ちょうしているよう。

・ここでもカニは、クラムボンの行動の意味がわからなかった。（Aさん）

★このかには、兄弟で、弟の方は、殺されたといっているから、この魚に殺されたと思ったのだと思う。

・兄の方は、悲しんでいるが、弟は、自分のことじゃないという風な感じ。（Uくん）

★兄はクラムボンは「死んだ」といっているけど、弟は「殺された」と信じきっている。

・クラムボンは、頭の上を過ぎていった魚に殺されたのだと思う。

・弟は兄の言うことに対して少しケンカごしになっている。（Hさん）

■■■本時内容の確認・読み深め■■■

〈新たな登場人物、魚が頭上を過ぎていった様子をとらえる〉

◉さあ、新たに五月の世界に登場したのは、だれですか。
・魚、どこをどうしていったのですか。
・だれの頭の上を過ぎていったのですか。
・かにたちの頭の上をどのように過ぎていったのですか。
・「つうと」とは、どういうことですか。
・「銀の色の腹をひるがえして」とは、やはりどんな様子を思いうかべますか。
・さあ、まとめて、この魚、どんな感じがしますか。

〈クラムボンが殺されたことをとらえる〉

◉さあ、そしたら何がどうしたというのですか。
・「死ぬ」とは、どういうことですか。
・「殺される」とは、どういうことですか。
・そして、「死ぬ」と「殺される」では、どう違うのですか。
・そして、「死んでしまった」は、やはり「死んだ」とは、どう違うのですか。

◉さあ、ここ、だれが死んだのですか。
・だれが殺されたのですか。
・そして、クラムボン、死んだのですか、殺されたのですか、どっちなのですか。
・そして、クラムボン、だれに殺されたのですか。

〈殺された理由は、分からない。くり返し、五月の不気味な感じをおさえる〉

※ここから事件が始まる。
・「魚が～」がくり返されて、事件が起こり、五月の場面は進む。
・「魚が～」で段落わけして読むと「五月」の世界が見えてくる。

※「つうと」副詞。
・人の気づかないうちに動作するさま。

※言葉を対比して読んでいく。死ぬ↕殺される。
・言葉の元の形と変化した形を対比して読んでいく。
死んでしまったよ。↕死んだよ。
「てしまった」は、残念とか、あってはならないことを表す。

※これは殺されたのです。クラムボンが魚に殺されたのです。

◉さあ、やはり、ここでかにの子どものもった疑問はなんですか。
・それに答えて、兄さんのかに、なんだというのですか。（分からない。）
・くり返し、兄さんのかに、何が分からないのですか。（クラムボンが殺された理由）
◉さあ、ここでも、何は見える、何は分かるのですか。
・でも、何は分からないのですか。
・ここではとくに、何がどうした理由が分からないのですか。（クラムボンが殺された理由）

〈クラムボンと魚の関係。食う、食われる関係をおさえる〉

◉さあ、まとめて、この前の所ではクラムボン、どうしていたのですか。（笑っていた。）
・それが、ここでは、何によってどうなってしまったのですか。
・一言、クラムボンと魚、それはどういう関係なのですか。（食う、食われる。殺し、殺される関係）
◉さあ、やはり、この五月の世界、どんな世界ですか。
・どんな感じを受けますか。
・春の五月、ここでは、どんな世界ですか。

■■■おわりの感想を書く■■■

◉では、今日の所で思ったことや考えたことをノートに一〇〇字以上で書いてください。

※前時と同様にここでも現象は見える。しかし、その理由がわからない。
・とくにここではクラムボンが殺された理由がわからないというのです。
・怖く、不気味な世界です。

※生き物たちのこの関係が、五月のテーマである。

※かぷかぷ笑っていたクラムボンが一瞬にして殺される。「笑い」から「死」、「明」から「暗」そんな怖い世界である。そして、その理由がわからないという不気味な世界である。

★クラムボンは、なぜ魚に殺されたのか不思議に思った。そのまえになぜ笑ったのかもはやく知りたいと思った。この情景は、クラムボンの死によってまえまで暗かった水の中がもっと暗くなってしまったと思う。それを兄さんのかには、その右側の四本の足の中の二本を、弟の平べったい頭にのせながらいったというところでわかる。（Oくん）

★この五月の世界は、不思議な世界だと思う。クラムボンは笑っている。しかし、なぜ笑っているのかは、分からない。クラムボンは、殺された。しかし、なぜ殺されたのかは、分からない。不思議な世界では、あるけれど、しかし、人い的な要素は、なにもない、自然のまま、真の自然のある世界だと思う。（Uくん）

★なぜ笑ったのか、なぜ殺されたのかわからないということで、読者にぎもんを持たせて、仕かけをしているような気がする。また、魚が通りすぎたらクラムボンが死んでしまったりすることで、川の中の不思議さをそれとなく表現している。この物語にまわりの様子の描写が多いのは不思議さを強調させるためなのではないかと思った。（Hさん）

★今日の水の中の世界は暗いかんじがします。それと昨日は、「〜クラムボンは、笑ったの。」という口調が今日になると「〜殺された。」という口調になっているのでよけいに暗く感じます。カニの兄弟たちのけんかによって回りをもっと暗くさせているのかなあと思いました。銀の色と書いて美しさが倍になっているけど、そのあとにくる暗い会話によって、その魚のこわさが美しさより倍にさせている感じがします。今日一番思ったことは、美しさの中にも暗いかげは、あるんだなあと思いました。（Aさん）

「五月」❹ 魚がもどって、クラムボンは笑う。谷川が明るくなる。

魚がまたつうともどって、下(しも)の方へ行きました。
「クラムボンは　笑ったよ。」
「笑った。」
にわかにぱっと明るくなり、日光の黄金(きん)は、夢のように水の中に降ってきました。
波から来る光のあみが、底の白い岩の上で、美しくゆらゆらのびたり縮んだりしました。あわや小さなごみからは、まっすぐなかげの棒が、ななめに水の中に並んで立ちました。

◉「魚がまたつうともどって、下の方へ行きました。」

ここも「つうと」です。人に気づかれないように音もなく動く様子を表します。やはり、不気味な感じがします。そして、「下の方」とは、谷川の下の方です。私たちは、今、幻灯を見ています。「下の方」とは、画面では右手を言うのでしょうか。次時の「上の方」とは、画面の左手を言うのでしょうか。

◉「クラムボンは笑ったよ。」

前時では、「つうと～頭の上を過ぎて」「クラムボンは殺されたよ。」本時では、「つうともどって」「クラムボンは笑ったよ。」ここでは、再び「暗」から「明」、

「死」から「笑い」です。さらに「青く暗く鋼のよう」な谷川も、「にわかにぱっと明るくなり、日光の黄金は、夢のように水の中に降ってきました。」「にわかに」とは、〝思いがけなく急に〟〝とつぜんに〟です。これも、「暗」から「明」です。「五月」、それは、日の光を浴びながら、「明」と「暗」をくり返す世界です。

◉そして、この五月の谷川は、魚によって変わる世界です。魚が、「頭の上を過ぎて」「魚が、下の方へもどって」、つまり、魚の登場と退場によって、クラムボンは、死んで、また笑うのです。谷川そのものも「暗」から「明」へ急変するのです。「五月」の世界は、この魚の「頭の上を過ぎて」「下の方へ」「また上の方へ」などの動きで場面を分けするとよく分かります。子どもたちに聞きます。〝魚は、「五月」の谷川において、どんな存在ですか。〟と。五月の谷川は、魚の動きによって、左右されているのです。ある意味で「魚」は、「五月」の谷川を支配するものなのです。次時では、さらに魚は、「そこらじゅうの黄金の光をまるっきりくちゃくちゃにして」しまうのです。

【ねらい】

◉「魚がもどって、クランボンは笑ったよ。」「にわかにぱっと明るくなり」魚によって左右される五月の谷川の世界。五月の谷川で魚は、どんな存在なのかをとらえる。

前時の読み

◉では、はじめます。きのうやった所をだれか読んでください。
・きのう、おわりに書いた感想をだれか読んでください。

本時の音読

◉では、今日は、〇頁、〇行目までです。だれか読んでください。
・みんなで読みましょう。

書き出し

◉では、今日の所で君たちが思ったこと、感じたこと、考えたこと、イメージが浮かんだことなど、自由にノートに箇条書きで三つ以上書いてください。

話し合い（書き出しのノートをもとにして発表し、話し合う）

★前よりは、明るくなった。クラムボンは、また出てきたと思う。クラムボンは、また笑った。
★日光の光が水の中に降ってきたので、川の中は少し明るくなったかなと思いました。
★クラムボンが笑ったことによって、ゴミもあわも、うれしくて美しく見えていると思う。

■■■本時内容の確認・読み深め■■■

〈魚が下の方へ行ったことをとらえる〉

◉さあ、また出てきたのは、だれですか。
・魚、どこへどうしたというのですか。
・やはり、「つうと」とは、どういうことですか。どんな感じですか。
・そして、下の方とは、何の下の方ですか。

〈魚が下がって、クラムボンや谷川がどう変化したかをとらえる〉

◉さあ、そうしたら、何がどうしたというのですか。
・クラムボン、これ、どうして笑ったんでしょうか。
・魚が下の方に行ったら、どうしてクラムボン、笑ったのでしょうか。
・そしてさらに谷川の中もどうなったというのですか。
・「にわかに」、別の言葉にしたら何ですか。
・「にわかにぱっと明るくなる」とは、どんな様子ですか。
・そして「日光の黄金」って何のことか、わかりますか。
・「日光の黄金が夢のように水の中にふってくる」って、どんな様子ですか。

〈魚とクラムボン、谷川の関係をとらえる〉

◉さあ、くり返し、今日の所、何がどうしたら、クラムボン、どうしたのですか。
・谷川の中も、何がどうしたら、どうなったのですか。
・さあ、ここから、魚とクラムボンどんな関係ですか。
・魚と谷川もどんな関係ですか。

※ この段階も主語は魚。前時が、魚の登場なら、本時は、魚の退場と、とらえてもよい。

〈魚が下の方へ行った後の谷川の様子をとらえる〉

◉さあ最後、魚が下に行った後の谷川、どんな様子だというのですか。

・「波からくる光のあみ」って、わかりますか。

・「あわや小さなごみからの棒」ってわかりますか。

・くり返し、今、谷川の中、どんな様子なのですか。

〈五月の谷川は魚によって左右される。逆に魚は五月の明暗を左右する存在であることをとらえる〉

◉さあ、きのうの所では、魚がつうと上がっていって、どんなことが起ったのですか。

・それは、どんな世界だったのですか。（暗い、恐い世界）

・そして今日は、魚がつうと下の方にもどって、何がどうなったのですか。

◉さあ、まとめて、きのうの所はどんな感じ、今日の所はどんな感じ、きのうと今日、それぞれどんな世界ですか。どう違いますか。

・そしてそれは、だれによって、だれの何によって、変わったのですか。

・つまり魚、谷川の中でどんな存在と言ったらいいのですか。（支配者）

■■■おわりの感想を書く■■■

◉では、今日の所で思ったことや考えたことをノートに一〇〇字以上で書いてください。

★前は、魚がきたとたんとても暗い谷川になってしまっていたけど、今回の場面で

※明暗をくり返す世界明の中に暗がひそむ世界。きのうの所も五月、今日の所も五月。

※魚の登場・退場によって谷川の中が明と暗に変化する。魚は、谷川の中で中心的な存在、支配者的な存在。

は、魚が下の方へいって、とても明るい谷川になってよかったと思いました。だから、谷川は魚が支配しているので川の生き物たちはかわいそうだなと思いました。

★ぼくはまえの場面でクラムボンが殺されて死んで、すごくふこうへいだと思ったけど、この場面で、魚がいなくなって、クラムボンがたくさんいて、クラムボンが笑って、ちょっとまた明るい感じになったと思いました。でもまた魚などがきたらまたクラムボンは食べられ死んでしまうので、強いものは弱いものを食べ、やっぱりふこうへいだと思います。

★かにの子どもたちが住んでいる世界は、同じ所だけど、川のしはいしゃの魚がいなくなると、暗い世界から、明るい世界に変わった。クラムボンたちは、きっとホッとして笑った。それで暗い世界が明るくなったと思う。

★魚が下の方に行ってクラムボンが食べられずにすんだのでうれしくてゴミやあわも美しく見えているけど、それはクラムボンの気持ちの現れだと思いました。このことからクラムボンは魚をとてもおそれていると思いました。

「五月」❺ 魚は取っている。悪いことをしている。

魚が、今度はそこらじゅうの黄金の光をまるっきりくちゃくちゃにして、おまけに自分は鉄色に変に底光りして、また上(かみ)の方へ上りました。

「お魚は、なぜああ行ったり来たりするの。」

弟のかにが、まぶしそうに目を動かしながらたずねました。

「何か悪いことをしてるんだよ。取ってるんだよ。」

「取ってるの。」

「うん。」


◉「魚が、今度はそこらじゅうの黄金をまるっきりくちゃくちゃにして、」五月の谷川は、その場面は、魚の動きによって変わります。左右されます。前時で「ゆめのように水の中に降ってきた」日光の黄金は、魚によって「まるっきりくちゃくちゃに」されてしまいます。再び暗転です。「おまけに自分は鉄色に変に底光りして」、これも不気味で危険な印象を与えます。「おまけに」、これは、反復、類加です。日光の黄金を、明るくなった谷川を「まるっきりくちゃくちゃにし」さらに自らは気味悪く恐ろしげに動く魚。五月の谷川は、魚の登場、退場で明暗をくり返します。魚、それは暴れ者、まるで谷川の〝支配者〟のようです。

◉「何か悪いことをしてるんだよ。取ってるんだよ。」

魚はクラムボンを取っている。上の方や下の方にしきりに行ったり来たりして、獲物をとらえ、食べている。しかし、それは、「悪いことをしてる」のです。こと（事）とは、行為、行動です。ここに作者、宮沢賢治の仏教者としての考えが表れています。よく大人は子どもに「悪いことをしてはいけません。」と言います。生命あるものを取って食べることは、「悪いこと」なのです。仏教の五戒の一つ、不殺生戒です。宮沢賢治自身、肉や魚などの「生物（なまもの）」を食べることをひどくきらったとのことです。ここで子どもたちに「善悪」の基本について考えさせられたらと思います。「お魚は、なぜああ行ったり来たりするの。」しかし、魚も動き続けて、食べなければ生きていけないのです。『よだかの星』のよだかのように、ここに〝生きる〟ということの悩ましさが、あるのです。

【ねらい】

◉「黄金の光をまるっきりくちゃくちゃにして」「自分は鉄色に変に底光りして」谷川の暴れ者、支配者としての魚をとらえる。

◉「何か悪いことをしてるんだよ。取ってるんだよ。」ここに仏教者宮沢賢治の、取って食べることを悪とする考えが表出されている。仏教における不殺生戒である。

前時の読み

◉では、はじめます。きのうやった所をだれか読んでください。
・きのう、おわりに書いた感想をだれか読んでください。

本時の音読

◉では、今日は、○頁、○行目までです。だれか読んでください。
・みんなで読みましょう。

書き出し

◉では、今日の所で君たちが思ったこと、感じたこと、考えたこと、イメージが浮かんだことなど、自由にノートに箇条書きで三つ以上書いてください。

話し合い（書き出しのノートをもとにして発表し、話し合う）

★魚が動きまわっていることが、かににとっては、少しめいわくそう。
・魚が上へ下へと動くたびに、「クラムボンは……」という話をしていたのに、今回は、魚が中心だった。
・「取っている」というのは何か。ークラムボンー水中のび生物　（Oさん）
★光をまるっきり、というのは、ただくしゃくしゃにしているのではなく、おこっているかんじをうける。
・カニの子供にとっても、クラムボンにとっても、いやなそんざい、おにみたいな、

そんざいが魚。（Iくん）

★くちゃくちゃというのは擬態語だ。

・前では銀色だったのに、鉄の色になり魚に対する反感が高まっている。

・お兄さんのかには、弟のかにに、魚が悪い存在であることを教えこんでいるのではないか。（Oくん）

■■■本時内容の確認・読み深め■■■

〈また、上の方へ上がる魚の様子をとらえる〉

◉さあまた、「何が」ですか。

・魚、今度は何をどうしたのですか。

・「そこらじゅう」の「そこら」とは、どこのことですか。

・「そこらじゅうの黄金の光をまるっきり、くちゃくちゃにする」って、どうすることですか。

・そして、きのうの所では、水の中はどんなだったのですか。

・さあ、きのうと今日では、谷川の水の中、どう違う。

・それは、どうしてなのですか。だれがそうしたのですか。

◉さあ、その魚、「おまけに」どんな様子でどうしたというのですか。

・「鉄色」とは、どんな色ですか。

・この前の銀色などとどう違うのですか。

・そして、「底光りして」とは、どういうことですか。ただ光るとどう違うので

※魚が上の方へ上ったり、下の方に行って、場面が変わる。

すか。

・そしてさらに、「鉄色に変に底光りして」って、どんな様子ですか。

・まとめてここから魚、さらにどんな感じを受けますか。

◉さあ、谷川の日光の黄金をくちゃくちゃにしたこと、自ら変に底光りすること、この両者に共通すること、似ていることは何ですか。

・やはり、ここからも魚、谷川の水の中でどんな存在だと言えますか。

〈魚は取っている。それは悪いことであるという認識について考える〉

◉さあ、そんな魚を見て、だれが何と言ったのですか。

・さあ、魚、どこを行ったり来たりしているのですか。

・さあ、それに答えて、だれが何と言ったのですか。

・さあくり返し、これ、だれが悪いことをしているというのですか。

・そして、その悪いこととは、何だというのですか。

◉さあ、魚、何を取っているのですか。

・魚、どうして、何のためにクラムボンを取るのですか。

・魚、クラムボンを取って食べるために、どこをどうしているのですか。

◉でもくり返し、ここでは、取って食べること、それはどういうこと、なんだというのですか。

・そして、悪いことの「こと」（事）とはどういう意味ですか。もの（物）とは、どう違うのですか。（事とは、行為、行動である。）

・そして、悪いの反対は、何ですか。（悪い↔善い）

※谷川の中をめちゃくちゃにしてしまう、恐怖感を与える存在、支配者。

※悪いこと＝取ってる。

※取って食べることは、悪いことである。殺生は悪。ここには、仏教における不殺生戒の考え方が出ている。

・さあ、魚が小さな生き物を取って食べる。それがどうして悪い事なのですか。その行為、行動は、どうして善いことではないのですか。

・でも、もしそれをしなかったら、取ることをしなかったら、魚はどうなのですか。

■■■おわりの感想を書く■■■

◉では、今日の所で思ったことや考えたことをノートに一〇〇字以上で書いてください。

★川の中はいつも平和なわけではないなと思った。一見、とても平和でおだやかなかんじがするけど、中には、あの魚のような悪者もいて、決して、安心してすめるというわけではないということがわかった。川の中だって、地上のように、敵もいて、平和をくずされてしまうこともある。やっぱり、いつでも平和な所はないのかなと思うと、少し残念だ。いつか、このかにたちにも、こわいことがおきるのではないかと、思った。（Nさん）

★水の中は、黄金の光で明るくて、きれいなのに魚たちが、くるといっきに情景が暗くしずんでしまう。なにかに、たとえるとしたら、昼間のかがやいた太陽がしずみ、夕日さえも、きえ、夜になってしまったような、そんな水の中を、想像しました。かがやかしさを、うばってしまう魚たちは、二ひきのかにから見ると、どれくらい、おそろしいものなのかぎもんに思いました。（Hさん）

★五月の谷川は、もう、おにのような魚にめちゃめちゃにされて、クラムボンも殺

※「生き物を食べなければ生きていけない」という賢治の悩みが出ている。「夜だかの星」などと通じる賢治の考えが出ている。

※取って食うという悪いことをしなければ、生きていけない。

されてしまいました。ここでの五月は、生物がかっぱつにうごき、争いごとがはげしい月だったと思いました。（Ｉくん）

★水の中の世界では、魚は、魔王のように思われているようだ。世界そのものに影響を与えるからだ。五月の水の中は、絶えず、恐ふにおののき、だれかが食べられてしまう、そうゆう地ごくのような世界だと思う。（Ｕくん）

★今日のところで「クラムボン」のしょうたいが分かった。クラムボンは、川の中にすんでいるびせい物で、魚などに食べられてしまう小さな虫だと分かった。

★魚は川の中で、きらわれもので、みんなから、けいべつされているのかもしれない。でも魚がみんなからきらわれていることは、しょうがないかもしれない。魚も、なにかを食べなくては、生きていけないからです。こんご、どうなってしまうのか？　しりたいと思っています。（Ｙさん）

★魚は、今までは、そんなに悪いものではないと思っていたけど、人間より小さい日から見てみると非情で狂悪なものなのだと思った。でも、魚の視点から考えると水をくちゃくちゃにすることはともかく、クラムボンたちを食べることは、生きていくためにしょうがないことではないかとも考えられ、両者は、複雑な関係なのだと思った。（Ｏくん）

★はじめは、川の中の世界は、きれいでほのぼのしたかんじだと思っていたけれど、今は、そんな、裏がわには、悪いことがある、ことに気がついた。きれいな、かんじのする川にも、わるものを作ったのは、やさしさだけのあふれる世界は、今、ここになく、それはどこへ行ってしまったのだろう、ということを表しているのだと思う。悪いことをしている人を目の前にしても、とめることのできない人の弱さを、「悪いことをしている」とかたずけてしまう子がにたちが、表現しているように思えた。

（Oさん）

「五月」❻ ひれも尾も動かさない魚。その魚へ敬語が使われる。

そのお魚が、また上(かみ)からもどってきました。今度はゆっくり落ち着いて、ひれも尾(お)も動かさず、ただ水にだけ流されながら、お口を輪のように円くしてやって来ました。そのかげは、黒く静かに底の光のあみの上をすべりました。
「お魚は……。」

◉五月の谷川は、魚の動きによって場面が変わります。前時で上のほうへ上った魚が、またもどってきました。しかし、本時の魚は、これまでの魚とイメージが変わっています。短いけれど、ここで一時間、授業をします。

◉「ああ行ったり来たり」していた魚が、今度は、「ひれも尾も動かさず、ただ水にだけ流されながら」もどってきました。動きを止めた魚です。無力な「ただ水にだけ流される魚」です。「ただ水にだけ流される」とは、谷川の流れ、運命に身をゆだね、流されるということでしょうか。強者から弱者への変転です。この場面から他者を食う魚から他の者によって食われる魚へとなっていくのです。

「そのかげは、黒く静かに底の光のあみの上をすべりました。」「かげ」「黒」「静か」「すべりました。」光のあみの上に魚の黒い影が映ります。黒のイメージ、死の予感です。この黒は、魚が他の生き物を取って食う死のイメージとこの後、かわせみによって食われてしまう死のイメージが重なっているのだと思います。

子どもたちは、「魚があんなにおとなしくなったのは、なぜだろう。」「作者は、何故、こんな魚が弱くなるようなイメージを読者にもたせたのだろうか。」と感想で書いています。

◉そして、もう一つここで重要なのは、敬語です。それは、「お魚」です。はじめの「そのお魚が、また～」と、おわりの『お魚は……。』は、使われ方が違います。後の『お魚は……。』は、幼いかにの子どもたちが、魚のことを呼んでいるていねい語です。しかし、はじめの「お魚」は、地の文で使われています。つまり、語り手が、「お魚」と呼んでいるのです。呼称の変化です。これまでただ「魚が」と呼んできた語り手が、どうして「お」をつけるのか。この敬語の意味は何なのか。動きを止め、「ただ水に流される」魚、「黒く静かに光のあみの上をすべる」魚に対して、どうして語り手は敬語を使うのだろうか。やはり子どものもった疑問です。「魚が、ていねいに扱われるようになったのは、なぜなのか。」この疑問が、次時の出来事につながるのです。この敬語は、クラムボンを食べて生きる魚、その魚も一瞬にして、かわせみによって食べられてしまう。その死の予告、その魚への弔意だと私は考えます。

【ねらい】

◉「ひれも尾も動かさず、ただ水にだけ流されながら」ただ水に流される魚～強者から弱者への変転をとらえる。

◉敬語「お魚」は、何を表すのかを考える。

■■■**前時の読み**■■■

◉では、はじめます。きのうやった所をだれか読んでください。

・きのう、おわりに書いた感想をだれか読んでください。

■■■**本時の音読**■■■

◉では、今日は、○頁、○行目までです。だれか読んでください。

・みんなで読みましょう。

■■■**書き出し**■■■

◉では、今日の所で君たちが思ったこと、感じたこと、考えたこと、イメージが浮かんだことなど、自由にノートに箇条書きで三つ以上書いてください。

■■■**話し合い**■■■　**（書き出しのノートをもとにして発表し、話し合う）**

何故、前まで魚のことは魚といい、体の部分、例えば目だったたら目といったのに今日になったら「お」をつけるようになったのだろう。

（Nさん）

※ここは短いが一時間として扱う。

※一時間、一イメージ、一事件を扱う。

・一時間で二つ以上の事柄を扱うと、体験が乱れてしまう。違った体験になる。立ち止まりの段落をどう設定するか大切である。

○魚が「お魚」というように、敬語づかいになっている。
○ここも、子がにの視点でかかれている。
○ゆっくり魚が流れていくのを、最後の行で強調している。

（Uくん）

○「光のあみの上をすべりました。」といん喩をつかっている。
↓動きがないことを表わす
○「輪のように」と比喩を使い、口がどんな様子なのが想像させている。
○「黒いかげ」と「光のあみ」を対比させている。

（Hさん）

○今まで「魚が」と書かれていたのに、今日の所では、「お魚」になってていねいになっている。口「お口
○かにの子供たちから見た様子の文章
○輪のように〜比喩（直喩）を使っている
○魚の行動が、悪い人から、すこし、いい人のようなかんじになった。

（Uくん）

■■■本時内容の確認・読み深め■■■

〈また上からもどってきた魚の様子についてとらえる〉

◉さあまた、何がどうしたというのですか。

・「その」言葉の種類は、何ですか。

・「そのお魚」の「その」は、何を指す。

・「その」の指す内容は、何ですか。そのお魚とは、どんなことをしてきた魚ですか。(谷川の中をむちゃくちゃにしたり、取ってきた、悪いことをしてきた魚)

◉さあ、その魚、今日はどんな様子だというのですか。どんなふうに、もどってきたというのですか。

・ひれとは、何ですか。

・尾とは、何ですか。

・そして、「流される」って、どういうことですか。「流れる」とどう違うのですか。

・いつもは魚、川の中をどうしているのですか。(泳いでいる)

・さあ「ただ水にだけ流される」魚、君たちは、どんな様子を思いうかべますか。

・そして、「お口を輪のように円くする」とは、やはりどんな様子ですか。

・さあ、この魚、今までとどう違いますか。

〈かげとして、くり返し語られる魚の様子をとらえる〉

◉そしてさらに「そのかげ」は、どこをどうしたというのですか。

※「その」~前時の内容を指す。

・川の中を行ったり来たりする魚・悪いこと、生き物を取って食べる魚。

※「ただ水にだけ流される」これは、運命に流されるということか。

※影・黒・静か・すべる~暗く静かなイメージがくり返される。

・「黒」のイメージを言ってください。
・「静かに」、別の言葉にしたら何ですか。
・そして、「すべりました。」とは、どういうことですか。たとえば「動きました。」などとどう違うのですか。

◉さあまとめて、今日の魚、これまでの魚とどう違う。どんな感じがしますか。

〈「お魚」など、本時に使われている敬語表現の意味について考える〉

◉さあそして、今日の所の表現の特徴、何ですか。
・そう、「お魚」「お口」です。そして今までは、「お魚」でなくて何だったのですか。（魚）
・さあ「お魚」↔「魚」、どう違う。（敬語）
・「お口」↔「口」、どう違う。（敬語）

◉そして、今日の所で、「お魚」って、呼んでいるのはだれですか。
・語り手、きのうの所まで、「魚」「お魚」、どっちの呼び方だったのですか。
・一言、敬語の役割は何ですか。
・さあ、ここになって、どうして語り手、「お魚」なんて言うのでしょうか。
・さあくり返し、魚、谷川の中では、どんな存在なのですか。（悪いことをしている存在）
・さあ、その悪いことをしている魚、小さな生き物を取って食っている魚に、どうして、今日の所では、敬語が使われるのでしょうか。

◉さあ、今日の所の最後、だれの言葉ですか。

※「すべりました。」からは、動きを止め意志のない魚、さらにその死がイメージされる。

※子どもから出ない場合は教師の方から「お魚」を提示し、なぜ、これが本時の表現の特徴になるのか、考えさせてもよい。

※地の文だから、語り手。

※これは「呼称の変化」でもある。
魚→お魚
・ここでは、語り手が魚に対する呼び方を変えた。語り手がここで魚に対する呼び方を変えたのは、どうしてなのか。これは次時で明らかになる。これはかわせみに取って食べられてしまうことへの予告であり、弔意でもある。

・さあ「お魚、…」、どうしてここ、言葉がはっきりしないのですか。

・もし子がにの思いを言葉にすると、何でしょうか。

■■■おわりの感想を書く■■■

◉では、今日の所で思ったことや考えたことをノートに一〇〇字以上で書いてください。

◎かにの子供らはどうだかわからないけど、語り手が魚やその体の一部に「お」をつけるなど、ていねい語を使うくらい。今日の魚はおとなしかったのだろう。でも、なぜ前までクラムボンをころしたりしていたのに急におとなしくなったのだろう。

（Nさん）

△今日の所では、魚がていねいにあつかっている事が分かった。けれど、なぜ、ていねいにあつかうのか疑問に思った。つい一文まえでは悪物だったのに。あばれなかったら魚はいい物なのかなぁと思いました。今日の場面の終り方だとまだ魚のことが続くかんじがするので読み進めていって、魚の本当のことを知りたいです。

（Kさん）

※最後の子がにの言葉に表されていない思いを想像する。

魚が、ていねいにあつかわれるようになったのは、なぜなのか、それが知りたいです。ただ魚が、いい人になったからなのか、よくわからないけど、今回の所で、魚のふんいきがすこしでかえめで、おとなしくなりました。今度はその黒いかげが、きれいなけしきをこわさなかったので、それが、魚から「お魚」という呼び方にかわった理由かなと思いました。

（Oさん）

。魚が、あんなにおとなしくなってしまったのはなぜだろう？私はもしかしたら、これは「嵐の前の静けさ」で、この後、なにかこわいことがおきるのではないかと思いました。また、急に魚に対して敬語になっているのも、おそろしいことの前兆のような気がします。この後、川の中でどのようなことが起こるのか、やまなしがどのように関わってくるのか、早く知りたいです。

（Hさん）

。前の所では絶対的とゆうようなイメージがあったけれど、今回の所ではやさしく、少し弱くなってしまっている。実際はそんなことはないのだろうが、ここではそう感じてしまう。作者は、何故、こんな魚が弱くなつようなイメージを、読者に持たせたのだろうか。

（Uくん）

「五月」❼ かわせみが飛びこんでくる。一瞬のうちに魚の姿が消える。

そのときです。にわかに天井に白いあわが立って、青光りのまるでぎらぎらする鉄砲だまのようなものが、いきなり飛びこんできました。

兄さんのかには、はっきりとその青いものの先が、コンパスのように黒くとがっているのも見ました。と思ううちに、魚の白い腹がぎらっと光って一ぺんひるがえり、上の方へ上がったようでしたが、それっきりもう青いものも魚の形も見えず、光の黄金のあみはゆらゆらゆれ、あわはつぶつぶ流れました。


◉「そのときです。」この文末の現在形は、強調、驚きです。魚のかげが黒く静かに底の光の上をすべった、そのとき起ったことを強調し、そのことに対する驚きを表します。

◉「にわかに」「いきなり」複合語「飛びこんできました。」など、予期せぬこと、素早さを表す表現がくり返されます。

◉それは、「青光りのまるでぎらぎらする鉄砲だまのようなもの」「その青いものの先が、コンパスのように黒くとがっているのも見ました。」「鉄砲」とは生き物を撃ち殺す道具、「鉄砲だま」は、弾丸です。その速さ、恐ろしさです。「黒」は、死をイメージさせます。視点は、子がにたちです。比喩「鉄砲だまのような」「コンパスのように黒くとがって」などと、子がにたちには、そう見えたのです。そのように思われたのです。そのようなものが、谷川の外から中に、だしぬけに、突然、何の予告もなしに飛びこんできたのです。結果、谷川の中を思うがままに動き回っていた魚も、その白い腹を一ぺんひるがえし、上の方に上がり、それっきり形も見えなくなってしまったのです。

◉食う、食われる世界、弱肉強食の世界の完成です。上には上がいる。谷川の支配者であった魚も、その先が鋭くとがった青光りの鉄砲だまのようなものによって、一瞬にしてその姿を消してしまったのです。「ぎらぎらする」「ぎらっと」などの形容詞、副詞が、この飛びこんできたものを、その行為を彩ります。それは、〝美しく〟ではなく、それは、どぎつく光る異様なイメージとして子がにたち、読者の心に刻みつけられるのです。

◉「あわはつぶつぶ流れました。」おごれる平氏も久しからず。諸行無常。はかなさです。

【ねらい】

◉「青光りの鉄砲だまのようなものが、飛びこんできた。それっきり魚の形もみえず」弱肉強食の世界、食う食われる世界の完成である。谷川を思いのままに行動していた魚もさらに食われて上がっていく。まさにその無常の世界をとらえる。

前時の読み

◉では、はじめます。きのうやった所をだれか読んでください。
・きのう、おわりに書いた感想をだれか読んでください。

本時の音読

◉では、今日は、○頁、○行目までです。だれか読んでください。
・みんなで読みましょう。

書き出し

◉では、今日の所で君たちが思ったこと、感じたこと、考えたこと、イメージが浮かんだことなど、自由にノートに箇条書きで三つ以上書いてください。

話し合い（書き出しのノートをもとにして発表し、話し合う）

★ぎらぎらという言葉で、このいきなりとびこんできたものに凶悪そうなイメージをもたせてある。
・鉄砲だまのようなものは、そのとびこんできたものの、おそろしさとすばやさを表している。（Nくん）
★ここでは、お魚という言葉ではなく魚にかわった。これは、魚に対して何かあったからだと思った。
・鉄砲だま、という隠喩をつかっておそってきた物の速さを強ちょうしている。

・コンパスのようにのところで直喩をつかっている。同時に黒い物のするどさを強ちょうしているよう。（Aくん）

★「そのときです。」と現在形を使うことによって、次に、おこることにいきおいをつけている。

・「兄さんの」というのは、弟は、見えなかったということだから、兄らしさを引き出している。

・最後の二行は、何事もなかったように、というのと魚のはかなさを書いた文。

・この前の「腹をひるがえして」は、すこしとく意気なかんじだけど、今回の「ひるがえり」は、そうなってしまった、というかんじがする。（Oさん）

★「そのときです。」と文を短く区切って、そのことが急におこったことをあらわしている。

・「ぎらっ」、「ゆらゆら」、「つぶつぶ」など擬態語を使っている。

・「コンパスのように」と比喩を使い、するどくとがっていたことを強調している。

・「光の黄金の〜つぶつぶ流れました。」という所は、もとの様子にもどったことを、表している。（Hさん）

★比喩を使って、この入ってきたものの速さと、恐しさを表している。

・前の所で過去形にしてあるのは、魚がなにかにつれさられてしまうようなことを暗示している。

・最後の二行は、なにかが入ってきて、魚をもっていってしまったことを物語っている。

・白い腹と書くと、その魚には、死があるように思える。
・「と思ううち」とかき、その青いものの速さがものすごく速いことを強調している。
（Uくん）

本時内容の確認・読み深め

〈「そのときです。」とは、どの時か。そのとき、谷川に飛びこんできた物の様子をとらえる〉

◉さあ「そのときです。」さあ「そのとき」とは、どのときですか。
・その時、どこに何が立ったのですか。
・「にわかに」、別の言葉にすると何ですか。
・「天井」とは、どこですか。
・そして、「白いあわが立つ」、これ、どんな様子ですか。
◉そして、これ、どうしてですか。どうして急に谷川の天井に白いあわが立ったのですか。（青光り～ものが、飛びこんできたから）
・さあ、「鉄砲」とは、何ですか。何をどうするものですか。
・さらに「鉄砲玉」とは、何ですか。
・そして、これ、だれに「鉄砲だまのよう」に見えたのですか。
・そして、「飛びこんできた」↕「飛んできた」とどう違う。
・さあ、まとめて、どんなものが、どこから、どこに飛びこんできたのですか。
・何しに飛びこんできたのですか。

※ここの部分は描写になっている。目に見えるように書かれている。何を描写したのか。どうして、この部分は描写になるのか。子がにたちに鮮烈に映ったから。

※比喩～「鉄ぼうだまのような」
・ここでは、どうしてかわせみが「鉄砲玉のような」と喩えられているのか。
・「鉄砲玉のような」と喩えることで、かわせみがどのように見えてくるのか。
・鉄砲、それは射るもの、殺すもの。

〈さらに兄さんが見たことについてとらえる〉

◉そしてさらに兄さんのかには、はっきりと何も見たというのですか。

・さあ、天井から飛びこんできたもの、何色ですか。

・その青いものの先、どうなっているというのですか。

・「黒」、これ、何を表す。ここでの黒のイメージ、意味を言ってください。

・そして、「とがる」、別の言葉にしたら何ですか。

・さあ、その先が、「コンパスのように黒くとがっている」これ、どんな様子ですか。君たち、どんな感じを受けますか。

〈一瞬のうちに形も見えなくなった魚についてとらえる〉

◉さあ、「と思ううちに」何が、どうなったというのですか。

・「ぎらっと光る」↕「きらっと光る」とどう違う。

・そして「ひるがえる」とは、どういうことですか。どうなることですか。

・くり返し、ここ、何が、「ぎらっと光って、ひるがえ」ったのですか。

・どうして、魚の白い腹、ぎらっとひるがえったのですか。

・「ぎらっと、ひるがえって」、魚、どこへどうしたというのですか。

・上の方とは、どこですか。

・そしてそれっきり、何も何もどうなったのですか。（形が見えなくなった）

〈起こった事件をまとめるとともに、前時で使われていた敬語の意味について考える〉

◉さあ、この物語、さらに事件が起こった。さあ、一言、魚、どうしてしまったのですか。

※　比喩―「コンパスのように」

・くちばしが「コンパスのように」喩えられている。

・「コンパスのように黒くとがる」と表現することによって、くちばしがどのように見えてくるか、思われるか。物語『やまなし』では、比喩をとり立て指導の一つにしてくり返し、扱いたい。

・魚、どのようなものによって、どこへどうしてしまったのですか。
・さあ、クラムボンにとって、魚はどんな存在だったのですか。
・さらに魚にとって、今日のこの青いものは、どんな存在なのですか。
・つまり、谷川の中を思いのままに動いていた魚にも、どういうものがいるということですか。
・さあ、まとめて、こんな魚を君たちは、どう思いますか。（それは、どうしてですか。）
◉そして、きのうの所で魚に「お」がついていたのは、どうしてかわかりますか。
・語り手が、小さな生き物を取って食べる魚に、悪いことをしている魚に敬語を使っていたのはどうしてなのですか。

〈つぶつぶ流れるあわの意味を考える〉

◉さあ「～あわは、つぶつぶ流れました。」くり返し、あわとは、どういうものですか。
・この「あわ」は、何を表すのですか。
・この谷川の支配者であった魚も実はどんな存在だったということですか。

■■■終わりの感想を書く■■■

◉では、今日の所で思ったことや考えたことをノートに一〇〇字以上で書いてください。
★今まで支配者であった魚が、こんなにも、たやすく殺されてしまうなんて、すごく

※食う・食われる、殺し・殺される関係。

※無常ということ。無情ではない。
・おごれる平氏も久しからず。
・うたかた（泡）の如し。
・はかなさを表す。

びっくりしました。でも、魚が殺されても、川の中に変わりはなく、魚の存在の小ささ、そして、弱肉強食の世界での死ぬことの、はかなさを感じました。また、川の中でこのようなことがおこってしまうのか、少し不安に思います。（Nさん）

★この段落から考えると、前の段落で語り手が魚に対して敬語をつかったのは、次の段落で死んでしまう川の中の支配者への敬意の表れだったんだと思った。（Nくん）

★いくら、かにたちにとって悪と思われていた魚でも、さらに上のものに殺されてしまうんだということが、あわは、つぶつぶ流れていくというあわにたとえられているような気がします。

いつかは、あわも、はじけて消えてしまう、その悲しさ、むなしさを感じました。かにの兄さんが、見た青い物、さらに強い力をもった何かがいるとすれば、水の中は、ゆったりしていてきれいだなと思っていたのに、おそろしいです。（Hさん）

★五月の世界は、私たち人間では、とても考えられない事だと思いました。だから、魚や水の中の生き物は私たちより何倍の努力をしながら生きつづけているんだと思いました。

魚の命は、あわと同じようにとてもはかなかったことを実感をしました。それと人間は、他の生き物たちよりもらくをして生きているんだと実感しました。五月の世界、私たち人間には、たえられない世界だと思いました。（Aさん）

★この弱肉強食の世界は、この川の中の世界だけでなく、人間の世界をも象徴しているのではないかと思った。その本当に生きるか殺されるかの二つに一つの一生を送っていかなければいけない自然のおそろしさを感じた。（Oくん）

★子がに達は、本当にぼうぜんとしていたと思います。そして、五月の谷川の世界は、まるで、その世界じたいが生き物のようで、水もあわも、みんな生きていて強い物が生きていける世界だなあと、思いました。そして、魚よりこわい物、それは、何か、また、それを見て知ってしまった兄弟は、どうなって、やまなしがどのようにかかわって、この世界が最後どのようになるのか、知りたいです。（Iさん）

★自然の中の世界には、良い、悪いは無いように思えます。かにたちや、クラムボンから見れば、魚は悪い存在だけど、魚は生きるために食べているだけだからです。そして、今回の所で、魚をつれていってしまう、魚にとっての悪い存在が出てきました。五月の川の、やさしいふんいきの中にも、自然のおそろしさのようなものがにじみでています。そして、その「自然のおそろしさ」さえ、川は、何事もなかったようにみとめています。自然は、やさしい、きれい、それだけでは、すまない、ということを、感じました。（Oさん）

★今日の所では、魚が何ものかによって殺されてしまった。要するに弱肉強食の世界である。上には、上がいる。人間も、もしかしたら、何ものかによって食べられてしまうかもしれない。ノストラダムスの大予言ではないが、気を付けないと、本当に、取り返しのつかないことになるかもしれない。（Uくん）

「五月」❽ ふるえる子がにたち。あわといっしょに天井を白い花がすべる。

二ひきはまるで声も出ず、居すくまってしまいました。

お父さんのかにが出てきました。

「どうしたい。ぶるぶるふるえているじゃないか。」

「お父さん、今、おかしなものが来たよ。」

「どんなもんだ。」

「青くてね、光るんだよ。はじが、こんなに黒くとがってるの。それが来たら、お魚が上へ上っていったよ。」

「そいつの目が赤かったかい。」

「分からない。」

「ふうん。しかし、そいつは鳥だよ。かわせみというんだ。だいじょうぶだ、安心しろ。おれたちはかまわないんだから。」

「お父さん、お魚はどこへ行ったの。」

「魚かい。魚はこわい所へ行った。」

「こわいよ、お父さん。」

「いい、いい、だいじょうぶだ。心配するな。そら、かばの花が流れてきた。ごらん、きれいだろう。」
あわといっしょに、白いかばの花びらが、天井をたくさんすべってきました。
「こわいよ、お父さん。」
弟のかにも言いました。
光のあみはゆらゆら、のびたり縮んだり、花びらのかげは静かに砂をすべりました。

ここでは、「五月」の世界をまとめます。事実として、イメージとしてまとめます。

◉「二ひきはまるで声も出ず、居すくまってしまいました。」
「どうしたい。ぶるぶるふるえているじゃないか。」

これが、「五月」の世界を見てきた結果です。二ひきとは、子がにの兄弟です。「居すくまる」とは、恐怖などで、ちぢこまって動けなくなることです。二ひきの子がには、その恐ろしさで体をぶるぶるふるわせているのです。「十二月」の「おどるようにして、やまなしの円いかげを追いました。」と対比になります。

◉「〜、安心しろ。おれたちは、かまわないんだから。」

ここで、「かまう」ということばをとり上げ、「五月」の世界、三者の関係をまとめていきます。「かまう」とは、気にする、かかわるということです。ここでは取って食うことです。魚は、クラムボンを取って食べる。その魚をかわせみが取って食べる。谷川の光のあみをくちゃくちゃにしながら、上の方や下の方に行ったり来たりしながら、悪いこと、クラムボンを取って食っていた魚も黒くとがったかわせみの口ばしにかかり、上に、「こわい所へ」上がって行ったのです。

「五月」の世界は、クラムボン・魚・かわせみ、この三者のかかわりです。それも食う、食われる関係です。かわせみ→魚→クラムボンです。そして、これが宮沢賢治が、「五月」に見た世界なのです。

◉「あわといっしょに、白いかばの花びらが、天井をたくさんすべってきました。」

最後、谷川の天井は、白いかばの花でいっぱいです。白い花~弔いの花。それは、こわい所へ行った魚への弔意なのかもしれません。あわと白い花、無常と死です。やはり「十二月」の「波は~。それはまた、金剛石の粉をはいているようでした。」と対比になる表現です。

◉「こわいよ、お父さん。」(兄)「こわいよ、お父さん。」(弟)

子がにたちが見た「五月」は、こわいのです。ぶるぶるふるえるほど、しばらくは立ち上がれないほどに、こわい世界なのです。

春、五月。それは、生き物が躍動する「殺生の世界」です。「生きる」ことの罪深さです。そのように宮沢賢治は、とらえ、描いているのです。

【ねらい】

◉「おれたちはかまわないんだから。」という言葉から、「五月におけるクラムボン・魚・かわせみの食う食われるの関係をまとめる。

◉「こわいよ、お父さん。」ふるえる子がにたち。「あわといっしょに、白いかばの花びらが、天井をすべる。」白い花は、弔いの花。五月の谷川は、恐怖、無常、死の世界として終わる。

■■■前時の読み■■■

◉では、はじめます。きのうやった所をだれか読んでください。

・きのう、おわりに書いた感想をだれか読んでください。

■■■本時の音読■■■

◉では、今日は、○頁、○行目までです。だれか読んでください。

・みんなで読みましょう。

■■■書き出し■■■

◉では、今日の所で君たちが思ったこと、感じたこと、考えたこと、イメージが浮かんだことなど、自由にノートに箇条書きで三つ以上書いてください。

■■■話し合い■■■（書き出しのノートをもとにして発表し、話し合う）

★白いかばの花びらが、天井をたくさんすべってきました。の所で、魚がしんだ無常さ、こわさ、あっけなさ、全部この「白い」かばの花びら一枚一枚に感じられる。

・兄がに、父がにの話で兄がにの言葉、父がにの言葉が息ぎれして、きょうふかんを増している。

・五月の水の底を見てとても信じられなく、そのおどろきで、体が、ただ、ただ居すくまってしまう。そのかに（二ひき）の行動によって、どれほどこわいか、こわすぎるか、語り手が読者にいいかけている。　（Aくん）

★「白いかばの花びらが、天井をたくさんすべってきました。」というところで、この「白」は、魚が死んでしまったことを、表していると思った。

・「光のあみ～すべりました。」というところで前と同じように、「光」と「かげ」を対比させている。だから、この文章は全体的に美しい川の中にも、こわいことがあるということを表しているような気がする。

・こわくて、声も出なかったのに、お父さんが来たらしゃべりだしたから、お父さんがいることで、安心したんだと思う。　（Hさん）

★この支配者が殺されてしまった恐ふと、そのものの正体がわからない恐ふがまじりあっている。

・白いとかき、殺されたものたちへのめい福を語り手がいのっているものだと思う。

・こわい所とにごしていい、お父さんがにのあまりこわがらせまいとする親心がつたわってくる。

・魚たちが殺されてしまったことを、最後の一文で物語っている。（Uくん）

★P11の三行目から五行目までのかにのお父さんの会話は、かわせみにおびえきっている子ガニをなだめるための会話だったと思う。

・「白いかばの花びら」という白は、死んだ魚のめいふくをいのるものがあるかもしれない。（Nさん）

★五月の世界で思ったことで全体でこれは、カニたちが谷川の本当の姿を学んだって感じの文だと思った。

・白いかばの花びらの所で、作者が魚への最後の敬いだと思いました。

・花びらと、あわで、はかなさと、魚が谷川に努力をして生きていた。でもそれは、むくわれずはなびらのように落ちてしまった感じがします。（Aさん）

■■■本時内容の確認・読み深め■■■

〈眼の前で起った事件に居すくまってしまった二ひきのかにの様子と気持ちをとらえる〉

◉さあ、だれはどうしてしまったというのですか。

・二ひきとは、だれのことですか。

・子がにたち、どうして声もでない。

・そして「居すくまる」とは、どういうことですか。

・子がにたち、どうして居すくまってしまったのですか。

〈お父さんのかにとの会話から、ふるえる子がにの様子と飛びこんできたものの様子をくり返しとらえる〉

◉さあ、そこにだれがどうしたというのですか。
・さあ、お父さんのかに、何だというのですか。
・これ、だれが「ぶるぶる」ふるえているのですか。
・子がにたち、どうしてぶるぶるふるえているのですか。
・さあ、その子がにたち、お父さんに何と言ったのですか。
・さあ、そのおかしなものとは、どんなものだというのですか。
・やはり、「黒」とは、どんな色ですか。何を表すのですか。
・そして、「上」とは、どこですか。
・さあ、そこでお父さんのかに、子がにたちに何と聞き返した。
・やはり、ここでは、「赤」は、何の色ですか。「赤」から君たちは、どんなイメージをもちますか。

〈飛びこんできたのは何だったのか、魚が行ったこわい所とはどこなのかをおさえる〉

◉さあ、いきなり谷川の中に飛びこんできたもの、それは何だったのですか。
・何という鳥だったのですか。
・かわせみとは、どんな鳥か、知ってますか。
・さあ、その結果、お魚はどこに行ったのですか。
・「こわい所」とは、どこなんですか。
・川の中を行ったり来たりしていた魚、我がもの顔にふるまっていた魚、その魚いったい何によってどこへどうしてしまったのですか。
・さあ、そうと聞いて、子がにたち、何と言ったのですか。(こわいよ、お父さん。)

※黒―死
・『やまなし』では、色もそれぞれ意味をもつ。

※赤―血

・でも、お父さんのかに、子がにたちに何だというのですか。

・どうして、「だいじょうぶ、安心しろ、心配するな」なのですか。（おれたちにはかまわない。）

〈「かまう」という言葉から五月のクラムボン、魚、かわせみの関係をまとめる〉

◉さあ、「五月」の世界をまとめます。さあまず、かわせみは、だれをかまう。

・そして、ここで「かまう」とは、どういうことですか。別の言葉にしたら何ですか。

・さらに魚は、だれをかまうのですか。

・つまり、この三者の関係は、どうなっているのですか。

（かわせみ　食う・殺す ⇅ 食われる・殺される　魚　食う・殺す ⇅ 食われる・殺される　クラムボン）

・そして、この矢印、逆にすると、どういう関係になるのですか。

・さあ、この両方の矢印を含めて、子がにたちの見た五月の世界、どんな世界なのですか。

・この五月の世界を子がにたちは、何と言っているのですか。（こわい。）

・子がにたち、その見た五月の世界、何が、どうしてそんなにこわいのですか。

〈象徴としての「あわ」「白いかばの花」の意味を考える〉

◉さあ、最後、何が流れてきた。

・「かばの花」、何といっしょにながれてきた。

※食う・食われる、殺し・殺される世界

・くり返し、「あわ」とは、何ですか。どんな物ですか。
・くり返し、このあわは、なにを表す。
・つまり、この五月、どんな世界だということですか。
・そしてさらに「かばの花」、何色ですか。
・谷川の天井、今、何色なのですか。
・さあ「白い花」、これは何を表す。白い花、どんな時に使われるのですか。

〈五月の世界をまとめる〉

◉さあここから五月の世界、最後どんな世界、何の世界ということですか。
（無常、死の世界）
・五月、生き物たちは活発に動き回るけど、そこはどんな世界だということですか。（はかない、殺し、殺される死の世界）

■■■おわりの感想を書く■■■

◉では、今日の所で思ったことや考えたことをノートに一〇〇字以上で書いてください。

★「白いかばの花びら」というのは、花びらのようにはかなく散っていく命を表すと同時に、ちょっとしたことで散ってしまう花びらで、命のもろさも表していると思った。春もおわり、川の中がどのようにかわるのか、『やまなし』がどのようにかかわってくるのか早く知りたいです。（Hさん）

★動物たちにとって目覚めの時こそ、生死の分かれ目がはっきりする時なのだと思

※「あわ」は「十二月」の谷川には、流れない。あわは、無常、はかなさを表す。

※白い花―弔いの花

※無常の世界、死の世界
・はかない世界、殺し・殺される死の世界。

う。その時に弱肉強食の血みどろの戦いのようなものの世界になるのだと思った。食物連鎖でいずれかが減ってもまた増えるというものでも必ずぎせいがあって安定しているのだから、その点で軽くいえないことだと思った。　（Oくん）

★五月の世界、春が終るとともに、はかなさをとても感じました。でも自然で生きていく物としては、だれかがぎせいにならなくては、生きていけなくなってしまうのだと、すごく思いしらされました。

　あと自然で生きている物たちは、生きていくのに、だれもがひっしになっていて、私たちよりも生きる努力があって、生きていることが、一番の喜びなんだと思いました。私たち人間も生きているだけで喜びを感じられるといいと思いました。　（Aさん）

★春のおとづれとともに、生まれてきた生命も、時間には勝てない、そして生命を言い変えると時の流れだと思いました。そして、色が表している世界。それは、私の想像とは、まったく違いました。けれど、ただ、しあわせな世界がいいと言うわけではないし、魚の生命も、かわせみの時の流れにくわわり、いっしょに生きていけて、むだにはなってないと思いました。五月の世界は、かにだけでなく、すべての物の子供のせいちょうに、なくてはならないと思いました。　（Iさん）

★私が強く思った事は、最初はクラムボンが魚に殺されてしまって、その魚が鳥に殺されてしまって、次から次へとおそろしい事が起きているので、こわい事がつながっていると言う事です。そのはかない命を、花びらがものがたっています。

　二ひきのカニ達は、おそろしい所へ行った魚を思って、何か、こわくて、悲しい物を感じたと思う。五月の春らしい季節でありながらも、水の中は、悲げき的な事があるんだなと思いました。

（Mさん）

★この物語を読みはじめたころの私のように、子がにたちも、川の中は平和だと思っていたのかもしれないなと思います。川をしはいする者は、いるけれども、自分たちの世界の、平和な所だけを見ていたのだと思います。でも、前回と今回の所で、川の世界の現実を、目の前で見てしまいました。この物語は、そんなふうに現実を知り、成長していくかにたちの姿を書いたものでもあるのだと感じました。そして、ちっていく花を見て、子がにたちは、さらに死を近くにかんじ、こわいよという言葉を残したのだと思いました。

（Oさん）

★上には、上がいるとは、まさにこのことだと思う。魚の命がかんたんにうばわれたということは、ぼくら人間も、花のように散っていくと思う。でも、とってとられての世界があってこその地球だから、しょうがないと思う。シャボン玉も、ふいてこわれてしまう。人間もみんなシャボン玉といっしょだなあ、花といっしょだなあと思う。形あるものは、かならずこわれる世界だと思う。

（Iくん）

第三次「十二月」の世界を読む　四時間

「十二月」❶ 白い丸石、水晶、金雲母。波が青白い炎を燃やす。

二　十二月

かにの子どもらはもうよほど大きくなり、底の景色も夏から秋の間にすっかり変わりました。

白いやわらかな丸石も転がってき、小さなきりの形の水晶(しょう)のつぶや金雲母(も)のかけらも、流れてきて止まりました。

その冷たい水の底まで、ラムネのびんの月光がいっぱいにすき通り、天井では、波が青白い火を燃やしたり消したりしているよう。辺りはしんとして、ただ、いかにも遠くからというように、その波の音がひびいてくるだけです。

ここでは、「五月」と対比しながら、「十二月」の場面設定をとらえていきます。

◉時は、十二月。登場人物は、かにの子どもたち。「底の景色も夏から秋の間にすっかり変わりました。」季節は、秋（晩秋）または冬（初冬）。いったいどのように変わったのか。「五月」の場面とどう違うのかを考えながら、とらえていきます。

◉そのかにの子どもたちの前に「白いやわらかな丸石も転がってきて、水晶のつぶや金雲母のかけらも、流れてきて止まり」ます。「五月」に出てきたクラムボンなどの生き物はいません。白い丸石、水晶、金雲母が、谷川の底できらきらと輝きます。

◉「五月」では、「青く暗く鋼のよう」だった谷川も、「ラムネのびんの月光が、冷たい水の底までいっぱいにすき通っ」ています。つまり、「十二月」の場面は、さらに夜です。昼なのに暗かった「五月」、夜でも明るい「十二月」です。

◉そしてさらに、その「天井では、波が青白い火を燃やしたり消したりしているよう」です。「五月」のように、「つぶつぶ暗いあわ」は流れません。この青白い火は、「十二月」の終わりには、さらに「炎」となって、燃え上がっていきます。

◉まとめて、「十二月」の谷川に出てきたのは、はねて、笑って、そして、魚に食われてしまうクラムボンではなく、白い丸石、水晶、金雲母です。そして、もうその天井をはかなく泡は流れないのです。「十二月」は、透明で静か、きらきらと美しい世界として書き出されていきます。

【ねらい】

◉十二月の谷川「流れてきて止まる丸石、水晶、金雲母。ラムネのびんの月光がすき通り、天井では、波が青白い火を燃やしているよう。」五月の谷川「クラムボンは、笑ったよ。青く暗く鋼のよう。つぶつぶ暗いあわが流れて」とを対比して「十二月」の場面をとらえていく。

■■■前時の読み■■■

◉では、はじめます。きのうやった所をだれか読んでください。

・きのう、おわりに書いた感想をだれか読んでください。

■■■本時の音読■■■

◉では、今日は、○頁、○行目までです。だれか読んでください。

・みんなで読みましょう。

■■■書き出し■■■

◉では、今日の所で君たちが思ったこと、感じたこと、考えたこと、イメージが浮かんだことなど、自由にノートに箇条書きで三つ以上書いてください。

■■■話し合い■■■（書き出しのノートをもとにして発表し、話し合う）

★「白いやわらかな～止まりました。」のところは、川の中が平和であったことを表していると思う。

・「ラムネのびんの月光」と、いん喩を使っている。

・「かにの子供ら～変わりました。」というところで、時が流れたことを間接的に表わしていると思う。

・「ひびいてくるだけ」ということで、さわがしくなく落ち着いた雰囲気を表わしている。

・「燃やしたり消したりしているよう。」というところで、「ようです。」とかかないで「よう。」とかくことで、余いんを残している。（Hさん）

★この場面の最後の行で、他の文末は過去形なのにここだけ現在形で、川の中が、ぼんやり明るくて、さみしいような気がする。

・三行目から六行目までで、この谷川の景色が外の世界の北風がふいて、かれ葉が音をたてて流されていくようで、さむざむしさが強調している。

・光の色も、青白くて五月の時の黄金の光とはちがって、あたたかさがなくてさみしい感じが強調されている。

・きこえてくるじゃなくて、ひびいてくるで、川の中の何かがたりないようで、さみしい感じが出ている。（Iさん）

★十二月は、五月みたいに、はかなさより冷さをすごく感じさせます。

・十二月は、光のたとえが春から冬へとかわっていて冷い感じがする。

・十二月の文は、静かで美しい風景を思いうかべる文のように感じます。（Aさん）

■■■本時内容の確認・読み深め■■■

〈十二月の場面設定をとらえる〉

◉まず「二」これ、どうして「二」なのですか。

・つまり、二つ目の幻灯、いつなのですか。

・つまり、二つ目の幻灯、時、場所、人物のうち何が変わったのですか。

・時が、いつからいつに変わったのですか。

※　十二月の場面は、五月との対比を入れて読んでいく。

・さあ、「十二月」、季節はいつ。
・十二月、春、五月とどう違うのですか。
◉さあ、十二月、まず何は、どうなった。
・さあ、「かにの子どもら」について知ってること、いくつか言ってみてください。
・そして、「よほど大きくなる」とは、どういうことですか。
・そしてさらに、何もどう変わったというのですか。
・「すっかり変わる」とは、どういうことですか。
・「底の景色」、いつの間に「すっかり変わった」のですか。

〈十二月の谷川の底にまず出てきたものをとらえる〉

◉さあ、その十二月の谷川の底に何や何が、どうしてきたというのですか。
・「白いやわらかな丸石」とは、どんな石でしょうか。
・さらに「水晶」とは、何ですか。どんな色や形をしているのですか。
・「金雲母」とは、なんですか。やはりどんな色をしているか、知ってますか。
・さあ、これ、五月の始めの所とどう違う。
・十二月、五月の始めにいた何がいない。
・つまり、十二月と五月、出てきたものが、どう違うのですか。
・白い丸石、水晶、金雲母。十二月の谷川の底、どんな様子ですか。

〈十二月の水の中の様子をとらえる〉

◉そしてさらに、水の中もどんな様子だというのですか。
・「月光」とは何ですか。

※まとめて言えば、食う・食われる生き物が出てこない。

※「ラムネのビンの月光」、これは、隠喩である。直喩にすると「ラムネのビンのような月光」となる。

・「ラムネのビンの月光」とは、どんな月の光を想像しますか。
・そしてそれが、どこまでどうしているのですか。
・つまり、「十二月」の場面、これは、一日のうちのいつなのですか。（夜）
◉そして、くり返し、「天井」とは、どこのこと。
・十二月の天井は、どんな様子なのですか。
・「波が青白い火を燃やしたり、消したりしているよう」とは、どんな様子ですか。

〈書き出された十二月の世界をまとめる〉

◉さあ、もう一度、「五月」では、谷川の水の中、どんな様子でしたか。
・その「天井」も、どんなだったのですか。
・さあ「ラムネのびんの月光がいっぱいにすき通り」
「上の方や横の方は、青く暗く鋼のよう」↔ 比べてどう違う。
・「青白い火を燃やしたり消したりしているよう」
「つぶつぶ暗いあわが流れていきます。」↔ 比べてどう違う。
・そして、最後、十二月、辺りもどんなだというのですか。

おわりの感想を書く

◉では、今日の所で思ったことや考えたことをノートに一〇〇字以上で書いてください。
★十二月の水の中は、五月の水の中とまったく別世界のような感じをうけた。

※「十二月」にあわは流れない。つまり、この「十二月」の世界を無常ではなく、永遠のものとしての願いをこめて、表現しようとしているのである。その世界がしだいに炎となって燃えさかっていくのである。

五月の世界は、弱肉強食の世界、だがこの十二月の世界の景色をみていると、争いがなく平和で、しかし、なにもいなくすこしむなしいような世界のように思えた。ぼくは、どっちかといえば、この十二月の世界の方が静かでいいなーと思った。

（Oくん）

★十二月の谷川の底は、月の光がきれいだし、辺りは、静かでおちついたかんじがして、いい所だと思います。

十二月になったけど、まだ『やまなし』というものがでてきてない。これから、十二月の谷川は、どうなっていくのだろう。そして、大きくなったかにの子供たちは、どんな体験をしていくのだろう。

（Uさん）

★五月は、はなやか、そしておそろしさをとても感じた世界だったけど、十二月は、はなやかさは感じないけど、心のおちつくような感じがします。それから五月は、日光がカニたちをとても明るくきれいにてらしている感じだけど、今日の文は、カニたちや回りの物だち全体に光を照している感じがします。この光は、とてもここちよい光だと思いました。それは、めだたない。でもとても美しく感じる光だからだと思いました。カニたちは、十二月の谷川の姿をどのように学んでいくのか、とても知りたいです。

（Aさん）

★十二月の世界は、五月の世界と比べて静かだと思いました。波から出るほのおは、エメラルドと、うすいレモン色をまぜて、それを青白いとうめいでかこったような物だと私は想像しました。そして、谷川の光りは、ギラギラした車のライトとちがい、まるでオーロラの様だと思います。私は、この場面であらためて、外の世界が美しくないことに、気づきました。教科書の中にこのような物語がたくさんでてきたことは、どういうことか、いろんな人にわかってもらいたいと思いました。

（Yさん）

★五月のときは色々なことが起こって、場面の雰囲気もぱっぱっと変わり、なんとなくあわただしい感じがした。でも、十二月は、落ち着いていて、次の場面へ余いんを残していくような感じがする。川の中の様子も、五月から十二月になっただけで、ずい分と変わった。この先を読んでいき、五月から十二月になって変わったことを、他にも知りたいと思った。
（Hさん）

★十二月の場面に入ったけど、生き物のような形はないし、暗いと言うイメージとは違って、静かなイメージが大きい。五月は、暗くて、動作があったけど全く別の感じで新しい季節を向かえたようです。秋らしくなった水の中に変化が見られるのか、楽しみです。それと成長したかにも見てみたいです。
（Iさん）

★この、十二月の世界は、きっと五月とは対照的なのだと思う。作者が五月の物語の舞台としたのは、昼だったけど、十二月は夜を選んでいます。今度は、前のように、物語に、動きや、急な変化はないと思います。その二つの季節の差を伝えるために、自然の活動の大きい五月と、そうでない十二月をえらんだのだと思いました。
（Oさん）

「十二月」❷ あわの大きさを競い合うかにの兄弟。

かにの子どもらは、あんまり月が明るく水がきれいなので、ねむらないで外に出て、しばらくだまってあわをはいて天井の方を見ていました。

「やっぱり、ぼくのあわは大きいね。」

「兄さん、わざと大きくはいてるんだい。ぼくだって、わざとならもっと大きくはけるよ。」

「はいてごらん。おや、たったそれきりだろう。いいかい、兄さんがはくから見ておいで。そら、ね、大きいだろう。」

「大きかないや、おんなじだい。」

「近くだから、自分のが大きく見えるんだよ。そんならいっしょにはいてみよう。いいかい、そら。」

「やっぱりぼくのほう、大きいよ。」

「本当かい。じゃ、も一つはくよ。」

「だめだい、そんなにのび上がっては。」

また、お父さんのかにが出てきました。

「もうねろねろ。おそいぞ。あしたイサドへ連れいかんぞ。」

「お父さん、ぼくたちのあわ、どっち大きいの。」

「それは兄さんのほうだろう。」

「そうじゃないよ。ぼくのほう、大きいんだよ。」

弟のかには泣きそうになりました。


ここは、かにの兄弟の競争である。あわの大きさ比べである。

◉十二月には、生き物、動物は出てこない。唯一、出てくるのが、子がにの兄弟とそのお父さんである。

◉十二月の谷川の天井をあわは流れない。しかし、この場面でかにの兄弟は、「あわ」の大きさを競うのである。「泡」とは、形はあるが中味は空(くう)である。そして、消えてなくなるものである。

◉「やっぱり、ぼくのあわは大きいね。」「ぼくだって、わざとならもっと大きくはけるよ。」「おや、たったそれきりだろう。」「やっぱりぼくのほう、大きいよ。」「お父さん、ぼくたちのあわ、どっちが大きいの。」

ここに「人間」の「煩悩」が、表現されている。

このあわのはき比べの意味、それは、無常、空なるものへの執着である。形の大小、空なる「大」に固執する、はかなく消えてなくなる「泡」の大きさを比べ競うことの愚かさである。我執である。「弟のかには泣きそうになりました。」

これが、競争の結果です。

◉「十二月」は、「五月」と対比の関係にあるが、この子がにたちの言動は、「五月」の魚やかわせみの行動に通じるものである。

夏から秋の間によほど大きくなった子がにたち、しかし、そこには煩悩の肥大もあったのです。あわをはくかに、そのかにの子どもたちを視点人物にすえたこの作品の素晴らしさです。

◉本時の子がにたちの言動をのどかな、平和なものとは、とらえない。あわという「空（くう）」なるものの大きさにかかわって相争う、煩悩による言動ととらえる。「五月」の終わりに「こわいよ。」と言っていた子がにたちも実は、むなしく他者との争い、自己に執着する存在だったのである。

我執、争い、その結果としての「勝ち組」「負け組」。教員世界もそうであったが、教育実践とその探究ではなく「形」「名」を求める、その大きさを渇望し、相争う教員たちの何と多かったことか。

人間世界、動物世界のこの状態に、このあり様（よう）に警告を発し、救うものとして、『やまなし』は、谷川に落ちてくるのである。

【ねらい】

◉「あわの大きさを競い合うかにの兄弟」この場面での「あわ」は、形、大きさはあっても中は空（くう）であり、すぐこわれて消えてしまうものを表す。その大きさを競い合う子がにたち。成長した子がにたちの煩悩をとらえる。

■■■前時の読み■■■

◉では、はじめます。きのうやった所をだれか読んでください。

・きのう、おわりに書いた感想をだれか読んでください。

本時の音読

◉では、今日は、○頁、○行目までです。だれか読んでください。

・みんなで読みましょう。

書き出し

◉では、今日の所で君たちが思ったこと、感じたこと、考えたこと、イメージが浮かんだことなど、自由にノートに箇条書きで三つ以上書いてください。

話し合い（書き出しのノートをもとにして発表し、話し合う）

★十二月のはじめで、「大きくなり」と書いてあったけど、両方が自分ばかり主張して、あまり内面はかわってないように思える。（子供らしさ）「また」というのは、五月の最後を指していっている。

・兄は、どちらかというと、ていねいなしゃべり方で、弟は、すこしざつなしゃべり方をしている。

「で」や「て」をたくさん使って、息使いみたいな表現をしている。

・あんまりというのは、すごく…という意味で使われている。　（Oさん）

★弟のかには、兄さんよりも、あわをはく大きさが大きいといっていじっぱりのようなたいどを、とっている。

・作者が想像して作ったイサドという町は、どういうふうな情景を想像して作ったのかなと思った。

・あわの大きさでもめている二ひきのかには、人間の子供がケンカごしに、なったように見える。（Hさん）

★「また、お父さんのかにが出てきました。」の「また」とは、二匹のかにが何かしているときにいつも出てくるから、そう言ったんだと思う。

・弟のかには、まだ自分の方が正しいと言い通そうという性格が変わっていない。

・弟の、幼いこだわりに兄さんも対抗するなんて、兄さんもけっこう幼い。（Kさん）

■■■本時内容の確認・読み深め■■■

〈十二月の月の明るい夜、だまってあわをはくかにの兄弟の様子をとらえる〉

◉さあ、十二月の幻灯、出てきたのは、だれですか。

・そのかにの子どもたち、どこでどうしていたのですか。

・かにの子どもたち、どうして外に出て、あわをはいて天井の方を見ていたのですか。

・さあ、くり返し、二枚目の幻灯は、何月ですか。

・さらに、一日のうちいつですか。

〈あわの大きさを競い合うかにの兄弟の様子をとらえる〉

◉さあ、だまってあわをはいていたかにの子どもたち、まずだれが、どっちのかにが、何だというのですか。

※叙述にそって書いてあることを確認していく。

・読み取る力を育てる基本的な活動である。

※「十二月」の世界、場面は、夜である。

・それに対して、だれが、どっちのかにが、何だというのですか。
・「たった」、別の言葉にすると何ですか。
・「それきり」とは、どういうことですか。
・そして、それに対して、さらにだれが何と言ったのですか。
・さあ、まとめて、月の明るい水がきれいな夜、だまってあわをはいていた兄弟のかに、何を始めたのですか。
・何の競争を始めたのですか。
・何の大きさを競争し始めたのですか。

〈父親の言うことも聞かず、さらに競い合い、結果、弟が泣きそうになることをとらえる〉

◉さあ、そこにまただれが出てきたのですか。
・お父さんのかに、出てきて、だれに何と言ったのですか。
・さあ、子がにたち、お父さんの言うことを聞いたのですか。
・聞かないで兄弟のかに、逆にお父さんに何て聞いたのですか。
・それでお父さんのかに、何て答えたのですか。
・さあ、それを聞いて、弟のかに、何と言って、どうなったのですか。
・弟のかに、どうして泣きそうになったのですか。
・弟のかに、何がくやしいのですか。悲しいのですか。

〈かにの兄弟が大きさを競ったあわの意味をくり返し考える〉

◉さあくり返し、「あわ」とは、どういうものですか。

※本時の子がにたちの言動を、のどかな、平和なものとして、とらえるか、あわという「空」なるものの大きさにかかわって、相争う、煩悩をもった存在ととらえるか、議論になるところだが、私は、後者をとる。その方が、この後、落ちてくる『やまなし』の意味が深まると考える。「そのとき」の意味が、まるで違ったものと、なってくる。

・その大きさ、大きい、小さいを比べることを君たちは、どう思いますか。
・あわの大小を比べて競争する子がにたちをどう思いますか。
・そしてさらに、あわの大きさを競い合って、泣きそうになる子がにをどう思いますか。

〈五月の殺し殺される世界を見て、こわいとふるえていた子がにたちも、実は相争う存在であることをとらえる〉

◉さあ、春から夏の間に、かにの子どもたち、どうなったのでしたか。
・結果、子がにたち、今日の所で何を始めたのですか。
・さあ、子がにたち、身体は大きくなった。さあ、子がにたち、心はどうなったと言ったらいいですか。
・「五月」の食う、食われるの世界を見て、こわいとふるえていた子がにたちも、すっかり大きくなって、どんなかにになったのですか。
・子がにたちの心の中に、どんな気持ちが、ふくらんできたのですか。
・つまり、この子がにたちも、どんな存在だということですか。

■■■おわりの感想を書く■■■

◉では、今日の所で思ったことや考えたことをノートに一〇〇字以上で書いてください。

★このかにの兄弟の弟のかには、ずいぶんくだらないことにこだわる奴だなあと思いました。しかし、この意じっ張りさは兄さんのかににまけたくないという気持

※あわ
・形、大きさはあるが、中は空である。
・すぐこわれてしまう。形を失うもの。
・「十二月」の谷川にあわは流れない。子がにたちのはく、このあわだけである。

※子がにたちは、すっかり大きくなった。しかし、子がにたちも、実は空しいものにこだわるぼん悩をもった存在である。

ちからでてくるんじゃないかとも思いました。（Nくん）

★弟のかには、人間の子供のような、言葉使いで兄さんともめあっているところまで人間の兄弟がケンカっぽく、争っているように見えました。人間と同じようなものも、こんなにそばにいたんだと思いました。（Hさん）

★十二月のはじめの所で、かにたちは、大きくなったと書いてあるけれど、内面は、あまり成長していないように思えます。すぐ消えてしまうものでも、すごく気にして、意地のはりあいをして、子供らしい部分は、ほとんどかわっていません。十二月の世界は、あまり、動きがなく、子がにたちの会話が、平和さ、のどかさを、さらに強調しているような気がしました。（Oさん）

★このかには、あったって、なくたっていいような。あわなんかの大きさにこだわっている。それは、まだ、子供だとゆうようなものだし、無意味なものでもあると思う。このかには、広い目でみれば世間知らずだと思う。（Uくん）

「十二月」❸ 落ちてきたやまなし。水の中がいいにおいでいっぱいになる。おどるようにして、やまなしを追うかにの親子。

そのとき、トブン。

黒い丸い大きなものが、天井から落ちてずうっとしずんで、また上へ上っていきました。きらきらっと黄金のぶちが光りました。

「かわせみだ。」

子どもらのかには、首をすくめて言いました。

お父さんのかには、遠眼鏡（とおめがね）のような両方の目をあらん限りのばして、よくよく見てから言いました。

「そうじゃない。あれはやまなしだ。流れていくぞ。ついていってみよう。ああ、いいにおいだな。」

なるほど、そこらの月明かりの水の中は、やまなしのいいにおいでいっぱいでした。

三びきは、ぼかぼか流れいていくやまなしの後を追いました。

その横歩きと、底の黒い三つのかげ法師が、合わせて六つ、おどるようにして、やまなしの円いかげを追いました。

ここも、「五月」との対比で読んでいきます。

◉「そのとき」とは、かにの兄弟があわの大きさを競い合い、その結果、弟のかにが泣き出しそうになった時です。

◉「トブン。」は、擬音語です。やまなしが、谷川に落ちてきた音です。「ドブン。」などと比べ読みします。やさしく静かに落ちてきた、なぐさめのあるような音です。かわせみの「にわかに」「いきなり飛びこんできました。」と対比になります。その落ちてきたやまなしを「きらきらっと黄金のぶち」が飾ります。輝かしいものの到来です。

◉子どもたちは、書いています。〝やまなしが出てきたことで弟は、泣かずにすんでとてもよかった。〟〝弟をなぐさめるために落ちてきた。〟〝兄弟げんかになりかねない時に落ちてきて守ってくれたやまなしは、平和、幸せをもたらしてくれるまほうの実なのでは〟と。

◉やまなしとかわせみの対比。「黒い丸い大きなもの」「コンパスのように黒くとがっている」両者のしたこと、しなかったこと。かわせみは、魚を取って食うために谷川に飛びこんできた。争いそのものです。やまなしは、兄弟のかにの争いの中に落ちてきて、そこで争いが止みました。

◉さらにその結果は、『ああ、いいにおいだな。』『月明かりの水の中は、やまなしのいいにおいでいっぱいでした。』争いが止み、谷川の水の中は、いい匂いでいっぱいになる。我執、煩悩からの解脱。そして、浄土。やはり子どものことばです。〝やまなしは、十二月の川の中に、もうすぐ春が訪れることを告げにきたのではないかと思いました。それは、ただの季節の春ということだけではなく、「平和」という意味もふくまれているのではないかと思います。〟

◉『流れていくぞ。ついていってみよう。』「三びきは、ぼかぼか流れていくやまなしの後を追いました。」「合わせて六つ、おどるようにして、やまなしの円いかげを追いました。」反復、くり返し、強調です。そして、これは五月の「二ひきはまるで声も出ず、居すくまってしまいました。」「ぶるぶるふるえているじゃないか。」と対比になります。

この後、やまなしは、「横になって木の枝に引っかかって止まり」ます。かにたちは言います。『おいしそうだね、お父さん。』『待て、待て。ひとりでにおいしいお酒ができるから。』おどるようにしてやまなしを追うかにたち。それは、食物、飲み物をえるという喜びとともに、やまなしの自身を他者に布施するそのあり方、賢治の描いた理想、真実を追い求める、その喜びをも表しているように思うのです。

【ねらい】

◉「飛びこんできたかわせみ」「落ちてきたやまなし」　結果「魚の形も見えず」「月明かりの水の中は、いいにおいでいっぱいでした。」「居すくまってしまいました。」「おどるようにして追いました。」これらの違いから、谷川やかにの親子にとってのやまなしの存在の意味をとらえる。

◉子がにたちの争いの中にやまなしが落ちてきた意味も考える。

前時の読み

◉では、はじめます。きのうやった所をだれか読んでください。
・きのう、おわりに書いた感想をだれか読んでください。

本時の音読

◉では、今日は、〇頁、〇行目までです。だれか読んでください。
・みんなで読みましょう。

書き出し

◉では、今日の所で君たちが思ったこと、感じたこと、考えたこと、イメージが浮かんだことなど、自由にノートに箇条書きで三つ以上書いてください。

話し合い（書き出しのノートをもとにして発表し、話し合う）

★子供たちは首をすくめて言いました。というところで、こわさを、動きにして表している。
・そこらの月明かりの水の中はやまなしのいいにおいでいっぱいと言うところで、やまなしは、とても、いいにおいがすることが分かる。（Yさん）
★かにの子供らがやまなしがおちてきたとき、「かわせみだ」と思い、首をすくめたという所で、五月（春）の終わりに初めて体験したできごとがとても印象に残ったと思う。

・ふつうやまなしが落ちてきた時の音は、「ドブン」か「トプン」というから「トブン」というのは作者独特の表現だと思う。（Nさん）

★黒い丸い大きなものと書き、読者をひきつけ、こわがらせていて、あとでやまなしと書き、心の波をおちつかせている。

・やまなしは、いいにおいのするもの。

・遠眼鏡のようなのところで、直喩を使い、お父さんのかにが、その物をよく見ているのを表している。（Hさん）

★六頁の四行目から六行目の、この三行は、やまなしを追いかけていく様子をくわしく書いてある。

・やまなしを見つけて、おどるくらい楽しい気分になってきた。（Hさん）

★「なるほど」と、いいにおいにやっと気付いたのは、かわせみではなく、やまなしだったことをしって安心して、心にまわりのことを感じる余ゆうができたからだと思う。

・「トブン。」と体言止めを使い、本当に突然であったことを強調している。

・「きらきら」ではなく「きらきらっ」と書くことで、一しゅん光ったことをあらわしている。（Nさん）

★「なるほど」と、語り手（かに？）の気持ちが書かれている。

・「そこらの月明かり～いっぱいでした。」と、語り手の視点で書かれていて風景を見ていたのが、そのあと、かにたちへと変わっている。

・前回の所で、「泣きそう」で泣かなかったのは、そのあとの、「トブン」というとっさな出き事に、涙も、とまってしまったからではないか？

・子供らのかには、前のようにたちすくむだけでなく、前より反応がはやかった。

・やっと題名の『やまなし』が出てきたけど、題名にまでつかわれる理由は何か。

（Oさん）

★「おどるようにして」と比喩を使って、歩いている様子がとても楽しそうであることを表している。

・やまなしは、かにたちにとってうれしい物。

（Uくん）

★おどるようにのところで、父さんがにと、子供のかにが、やまなしを食べられるかもしれないと、心をときめかしている様子を表し、実物は実物と、影は影と対応させている。

・三つのかげ法師が合わせて六つで、お父さんのかにと区別されないで、おどるようにしてで、お父さんのかにも気持ちが幼くなっている。

（Aさん）

■■■本時の内容の確認・読み深め■■■

〈落ちてきたやまなしの様子をとらえる〉

◉さあ、「そのとき」とは、いつですか。どの時ですか。

・だれが、何でどうなりそうになった時ですか。

・「トブン」↕たとえば「ドブン」などとどう違う。

・そして、これ何の音ですか。

・何が、どこからどうしたというのですか。

※「そのとき」とは、かにの兄弟があわの大きさを競い合って、弟のかにが泣きそうになったとき。

・くり返し、天井とは、どこのことですか。
・「黒い丸い大きな物、落ちて、どこに「ずうっと、しずんだ」のですか。
・「ずうっとしずむ」とは、どんな様子ですか。
・さあ、その時、何がどうしたというのですか。
・「黄金のぶち」とは、何ですか。どんな物ですか。
・「きらきらっと光る」↕「ぎらぎらっと光る」とどう違う。

〈やまなしが落ちてきた時のかにたちの様子をとらえる〉

◉さあ、それを見て、だれは何といって、どうしたんですか。
・「首をすくめる」とは、どうすることですか。
・子がにたち、どうして首をすくめたのですか。
・そしてさらに、だれは、どうしたというのですか。
・「遠眼鏡」とは、何ですか。
・「あらん限りのばす」とは、どうすることですか。
・さらに「よくよく見る」とは、どうすることですか。
・さあ、お父さんのかに、どうして「両方の目をあらん限りのばした」のですか。
・どうして、「よくよく見た」のですか。

〈やまなしが落ちてきた後のかにたちや水の中の様子をとらえる〉

◉さあ結果、それは何だというのですか。
・『やまなし』とは、何ですか。
・そして、そのやまなし、落ちて上がって、どうしていくというのですか。

※お父さんのかにが十分に警戒していることが、「あらん限りのばして」「よくよく見て」に表れている。

・さあ、お父さんのかに、子がにたちにどうしてみようというのですか。
・どうしてかにたち、やまなしについていくのですか。
・「ああ、いいにおいだな。」これ、何のにおいですか。
・やまなしの「いいにおい」って、どんなにおいなんでしょうか。
・さあ、やまなしが落ちてきて、結果、谷川の中は、どうなったのですか。

〈落ちてきたやまなしと五月に飛びこんできた「かわせみ」を比べて考える〉

◉さあ今日の場面、五月の時の場面と比べて違いをいろいろと言ってみてください。
・さあ、五月の時に谷川の中に落ちてきたのは、何でしたか。
・かわせみ、落ちてきたのではなく、どうしたのですか。
・「飛びこんできた」、「落ちてきた」とどう違う。
・そして、かわせみ、谷川の中に飛びこんできて、何をどうしたのですか。
・そして、やまなしが落ちてきたのは、いつですか。
・まさに、だれが、何で、どうなりそうになった時ですか。
・つまり、やまなし、落ちてきて、したことは何ですか。
・やまなし、落ちてきて、何が、どこがどうなったのですか。
・さあくり返し、比べて、かわせみのしたこと、やまなしのしたこと、どう違う。
・かわせみ、やまなしのしなかったことも、どう違いますか。

〈やまなしを追うかにたちの様子をとらえる〉

◉さあ最後、三びきのかに、何をどうしたのですか。

※水の中は、やまなしのいいにおいでいっぱいになる。濁世を洗い清める。浄土。

※ここからテーマに迫る読みを始めていく。

※かわせみは、争いのために、食うために飛びこんできた。

※やまなしが、かに兄弟の争いのさなかに落ちてきた意味もとらえさせたい。

※かわせみは飛びこんできて魚を連れさった。やまなしは、生き物を食べていない。兄弟の争いが止んだ。

※ここは、時間がかかります。二時間かけてもよいと思います。

・「ぼかぼか流れていく」とは、どんな様子ですか。
・三びきのかに、どうしてぼかぼか流れていくやまなしの後を追うのですか。

〈かにたちのやまなしに対する態度をかわせみの時と比べてながら読み取る〉

◉その様子、さらにどんなだというのですか。
・「かげ法師」とは、何ですか。これは、何のかげ法師ですか。
・そしてさらに「おどるようにして」とは、どういうことですか。
・そして、「おどるようにして」、五月の幻灯で対比される言葉は、何か、わかりますか。
・「おどるようにして」↕「居すくまる」これどう違いますか。
・さあ五月の時、子がにたち、どうして居すくまってしまったのですか。何に対して、何を見て、居すくまってしまったのですか。
・そして、十二月の世界では、かにたち、何を追うのですか。何をおどるようにして追うのですか。
・そしてそれは、どうしてなのですか。かにたちは、どうしてやまなしについていくのですか。やまなしをおどるようにして追うのですか。
・さあまとめて、やまなし、かにたちにとって、どのようなものなのですか。かわせみとは、どう違うのですか。

※ 擬態語ぼかぼか
・上下に揺れながらやまなしが流れていく様子を「ぼかぼか」という音にたとえている。

おわりの感想を書く

◉では、今日の所で思ったことや考えたことをノートに一〇〇字以上で書いてください。

★今日の所で、やまなしが出てきた。やまなしが落ちてきて、川の中が明るくなった感じがしました。やまなしが落ちたら、川の様子が変わった。改めて、かにたちの気持ちが分かりました。十二月の世界は、豊かな感じがして、かにたちが、楽しく住めるような、そんな川の中だと私は思いました。こんなすばらしい川の中にいるかにたちは、これからどういう思いで川を守っていくのか早く知りたいです。（Oさん）

★私は、五月の世界と十二月の世界は、まるで正反対のような気がします。それは、五月の世界では、飛びこんできたかわせみのせいで、子がにたちは声も出ないほどこわい目にあったけど、十二月の世界では、落ちてきたやまなしのおかげで、ごたごたが起きなくてすんだからです。（Kさん）

★今日の所で、やっと、やまなしがでてきました。ドブンじゃなく、トブンとやさしく落ちてきて、幸せをもたらしてくれる。これがやまなしの力なのではと思いました。兄弟げんかになりかねない時におちてきて守ってくれたやまなしは、川が、平和でないと落ちてくれなく、幸せをもたらしてくれる、まほうの実なのではと思いました。（Kくん）

★やっと今日の文でやまなしが出てきて、私はやっと出てきたという気持ちになりました。出てこないんじゃないかと思いました。かにの子供はカワセミだと思ってとてもびっくりしたと思います。トブンというのはとても軽く思えるけど、流れていくときはぼかぼかと書いてとても重いような気がするけど、本当はやまなしは軽いのか重いのか知りたいです。やまなしが出てきたことでかにの弟は泣かずにすんでとてもよかったと思います。やまなしは、弟のかにをなぐさめるために落ちてきたようなもんだと思います。やまなしはこの後どこへ行ってどのようになるのか知りたいです。二ひきのかにの子供は見たこともないものばっかり見て、おどろくことが多いと思います。

（Iさん）

★今日のところでやっと山なしがでてきた。落ちてくるときのトブンとゆう音が、どこか、かにの子供をなぐさめるようだった。かわせみのときのような恐ふとは、全く逆の喜びや楽しさがあるのだと思う。弟と兄のけんかが防げ、なんだかハッピーエンドへ向かっているように思う。後少しだけど、山なしは、なにをおこすのだろうか。

（Uくん）

★十二月の世界は、五月とちがって、あたたかい世界だと思いました。冷たい水の中でも、あたたかい気持ちがあるって感じがします。

やまなしがやっとでてきたけど、この物語の中でやまなしは、どんな役目をしているのかなあと思いました。それからやまなしのいいにおいってところで、においを作者は、くわしく説明していないので、読者たちにやまなしのいいにおいを想像してほしいのかなあと思いました。

（Aさん）

★やまなしは、十二月の川の中に、もうすぐ春が訪れることを告げにきたのではないかと思いました。それは、ただの季節の春ということだけではなく、「平和」という意味もふくまれているのではないかと思います。また、五月のときにくらべて、文章全体で擬音語の「だく点」がへっている（ぎらぎら→きらきらのように）のも、平和な世界へかわっていくことを表わしているのではないかと感じました。（Hさん）

★今日のところでやまなしが出てきた。やまなしは、川の中の香りをよりよくするんだと思う。そして、冬の始まりに、やまなしの実が落ちて、川の中の生物の食事などになるんだと思う。十二月は、秋の終わりでもあるので、やまなしの実が全部じゅくしてしまい落ちてきたんだと思います。（Yさん）

★やっとやまなしがでてきた。落ちてきて流れていくだけのやまなしにどういう意味があって『やまなし』という題名がつけられたのだろう。たぶん作者は、五月と十二月とわけて、かわせみ・やまなしというふうにして、かわせみの時、かわせみは、水の中に不幸（かにの兄弟）をもたらし、やまなしは、水の中に平和をもたらす、神のようなものという意味をこめてこの題をつけたんだと思う。（Nさん）

★十二月の世界と五月の世界でかわせみが川へとびこんで来た時、残ったのは、子がになどへのきょうふかんだけど、やまなしが落ちてきた時、川に残るのは、甘いいにおいで、読者への心残りはずいぶんちがいます。かげ法師もおどるようにしていて、五月の世界とにたように、川の中にあるものみんなが生きているようでした。このままいいふんいきでこの物語がおわってもらいたいです。（Iさん）

★五月の川では、自然の現実、おそろしい部分が出ていたけれど、十二月の川では、平和な部分のほうが多い。その二つの入りまじった所に、自然は存在し、それは、一つの物の裏、表だから、一つ一つにわかれることのないことを、作者は伝えたかったのだと思う。（Oさん）

「十二月」④ 自らを布施するやまなし。炎を上げる十二月の谷川。

間もなく、水はサラサラ鳴り、天井の波はいよいよ青いほのおを上げ、やまなしは横になって木の枝に引っかかって止まり、その上には、月光のにじがもかもか集まりました。

「どうだ、やっぱりやまなしだよ。よく熟している。いいにおいだろう。」

「おいしそうだね、お父さん。」

「待て待て。もう二日ばかり待つとね、こいつは下へしずんでくる。それから、ひとりでにおいしいお酒ができるから。さあ、もう帰ってねよう。おいで。」

親子のかにには三びき、自分らの穴に帰っていきます。

波は、いよいよ青白いほのおをゆらゆらと上げました。それはまた、金剛石の粉をはいているようでした。

私のげん灯は、これでおしまいであります。


これで物語『やまなし』は読み終わりです。このやまなしのあり様、賢治のその表現を通してテーマに迫っていきます。

◉ぼかぼか流れていくやまなしは、間もなく「横になって木の枝に引っかかって止まり」ます。それは、我が身を横たえ、自身を他者に献げる姿です。「その上には、月光のにじがもかもか集まりました。」 やまなしのその姿を月光のにじが、七色に美しく彩るのです。そして、「もう二日ばかり待つとね、こいつは下へしずんでくる」のです。『やまなし』は、かにの親子の所へしずんでいくのです。

◉「おいしそうだね、お父さん。」子がにたちには、おいしい食べ物です。「待て待て。ひとりでにおいしいお酒ができるから。」お父さんのかににとっては、おいしいお酒になるのです。

やまなしの「実」～種→芽→花→実。自らの一生を終え、最後に他者の飲み物、食べ物となるのです。

弱肉強食から布施へ。布施とは、プレゼント、贈り物です。我を張って、争っていては、救われない。そこに地獄がある。地獄が生じる。献身と感謝。そこに救いがある。「大喰い大会」「食べ放題」 人間性の浅さ、下劣さ、いやしさです。

実は、クラムボンも魚に自らの身体を布施している。魚もかわせみに我が身を布施していたのです。「ゆっくり落ちついて、ひれも尾も動かさず、ただ水にだけ流された」のです。見方の違い。新たな生き方の探究です。

◉「波は、いよいよ青白いほのおをゆらゆらと上げました。」 十二月の谷川、青白い火が、ここではさらに青白い炎となって燃え上がっていきます。

「それはまた、金剛石の粉をはいているようでした。」比喩です。「ゆらゆらと上がる青白い炎」をさらに「金剛石の粉」と描くのです。金剛石とは、ダイヤモンドです。いちばん美しいということです。比喩は認識を表します。このやまなしの姿を最も美しい姿、あり方ととらえる、考えるのです。

泡と金剛石。「五月」の谷川、弱肉強食、はかなく消えていく泡。「十二月」の谷川、いちばん固い、堅固な金剛石。争いの止んだ、我執を越えた『やまなし』に見る他者への献身。この「十二月」の世界が壊れることなく、〝永遠であれ〟ということです。

◉「私の幻灯は、これでおしまいであります。」

この幻灯の題名「やまなし」、それは利他行です。詩「雨ニモ負ケズ」などと通ずる賢治の願い、祈りです。

※ここは、時間がかかります。二時間とってもよいと思います。

【ねらい】

◉「横になって木の枝に引っかかって止まる」やまなし。「おいしそうだね、お父さん。」「待て待て。おいしいお酒ができるから。」

このやまなしの姿を通して、賢治が理想とする他者に自らの生命を布施する生き方が語られる。

◉「それはまた、金剛石の粉をはいているようでした。」

そのやまなしの生き方を金剛石の粉、ダイヤモンドの炎で最も堅固に、最も美しく飾るのである。

■■■前時の読み■■■

◉では、はじめます。きのうやった所をだれか読んでください。

・きのう、おわりに書いた感想をだれか読んでください。

■■■本時の音読■■■

◉では、今日は、〇頁、〇行目までです。だれか読んでください。

・みんなで読みましょう。

■■■書き出し■■■

◉では、今日の所で君たちが思ったこと、感じたこと、考えたこと、イメージが浮かんだことなど、自由にノートに箇条書きで三つ以上書いてください。

■■■話し合い■■■（書き出しのノートをもとにして発表し、話し合う）

★金剛石は、ダイヤモンドのことで、そのほのおが、きれいだということを、強調している。（Hさん）

★五月の最後は、死んだ魚によって悲しく、かにの子供にとっては、こわい終わりかたをしたが、十二月は『やまなし』が落ちてきたことで、かにの兄弟のけんかをまぬがれ、弟のきげんをなおしたからとてもいいおわり方をした。（Nさん）

★もかもかという擬態語は、月光のにじがゆっくりゆっくり集まってできた様子を表している。

・青白い火と前のところで書いていて、青いほのおと今回で書き、呼しょうが変化している。

・日光は黄金、月光は金剛石という風に、月が幻想を表している。　（Uくん）

★「金剛石の粉をはいているようでした。」の所で自分自身で出しているようで、谷川の中が生き生きしているようで、めったに出合えない、こうけいのような気がする。　（Iさん）

★十二月の場面になってやっと出てきたやまなしが、人につたえたかったこと、それは、つまらないことでもめず、平和になれとつたえたかったと思います。やまなしは、食べられる側なので食べられるときは「どうぞ食べてください」と横になって止まったと思います。　（Tくん）

★やまなしは、かにの子どもたちが兄弟げんかをしているのを見てわざと落ちてきたと思います。それを見てかにの子どもたちは、けんかをやめた。きっとやまなしはわざと木の枝にひっかかり自分をぎせいにしていると思う。作者の宮沢賢治さんは、平和を教えたり、自分をぎせいにしたやまなしのような人になってほしいという願いで書いたと思う。　（Sさん）

■■■本時内容の確認・読み深め■■■

〈横になって木の枝に止まるやまなし、そのやまなしを色どる谷川の様子をとらえる〉

◉さあ、谷川、どんな様子ですか。

・「天井の波がいよいよ青い炎を上げる」とは、どういうことですか。どんな様子を思いうかべますか。

◉さあ、ぼかぼか流れていくやまなし、間もなくどこにどうなったのですか。

※「十二月」の書き出しでは、「青白い火」であった。ここでは、「青い炎」となっている。「五月」の「あわ」のかわりに天井では「火」「炎」が燃える。

・もう一度、「ぽかぽか流れていく」とは、どんな流れ方ですか。
・さあ、そのやまなしが、「横になって止まる」とは、どういうことですか。どんな様子ですか。
・そして、やまなし、なぜ、何のために横になって木の枝に止まったのですか。

〈かにたちの会話からやまなしが、かにたちの食べ物にも飲み物にもなることをとらえる〉

◉さあ、その横になって止まったやまなしを見て、だれが何と言ったのですか。
・「熟す」とはどういうことですか。
・さあ、そこでさらにだれは、何と言ったのですか。
・これ、何がおいしそうだというのですか。
・つまり、横になって止まったやまなし、かにたちの何になるのですか。（食べ物）
・さあ、それに対して、さらにだれが、何だというのですか。
・お父さんのかに、何を待てというのですか。
・どうして、待てというのですか。
・つまり、お父さんには、やまなし、何になるのですか。（飲み物）
・さあ「下へしずんでくる。」やまなし、だれの所にしずんでくるのですか。
・くり返し、やまなし、下にしずんで、かにの親子の何や何になるのですか。
・さあ、最後、それでかにの親子、どこにどうしたのですか。

〈くり返し『やまなし』と「かわせみ」の違いを考え、やまなしの他者への献身をとらえる〉

※「横になって止まる」、これが他者にその身（実）を布施するやまなしの姿である。その『やまなし』を月光のにじで飾っている。

◉さあもう一度、かわせみは、谷川の中に飛びこんできて何をどうしたのですか。
・それは、何のためだったのですか。
・そして、やまなしは、どんな時に落ちてきたのですか。（子がにたちが争っている中に）
・そして、その結果、かにの兄弟の争いは、どうなったのですか。谷川の中は、どうなったのですか。
・そしてさらに、やまなし、どうして横になって木の枝に引っかかって止まったのですか。
・つまり、やまなし、自ら横になって、だれの何や何になるのですか。
・さあもう一度、「かわせみ」と『やまなし』の違いをいろいろと言ってみてください。

〈いよいよ炎を上げる十二月の谷川の様子をとらえる〉

◉さあ最後、谷川は、波はどんなだというのですか。
・くり返し「波が、いよいよ青白い炎をゆらゆら上げる」とは、どんな様子ですか。

〈比喩「金剛石」の意味を考える〉

◉さあ、「それはまた」どのようだというのですか。
・「金剛石」とは何ですか。
・ダイヤモンドとは、何ですか。
・ダイヤモンドは宝石の中でもどのようなものなのですか。（最も美しい）

※布施
・自らを他者に供養する。食べものとして飲み物として。
・利他行。

※かわせみは飛びこんできて魚を取っていった。やまなしは、落ちてきて自らをかにの親子の食物として提供した。

・さあ、「金剛石の粉、ダイヤモンドの粉をはいているようでした。」これ、どんな様子ですか、どんな風に想像しますか。
・そして、「金剛石の粉をはいているようでした。」この表現は、何ですか。（比喩）
・そして、これは、だれにそう見えたのですか。（語り手）
・だれが、こう表現したのですか。（作者）
・さあ、十二月の谷川の波が、美しく燃えて見えるのは、どうしてですか。
・十二月の谷川の世界を美しく輝かしたものは、何ですか。何が最高に美しいというのですか。
・やまなしのどのような行為、行動が、すばらしく美しいということなのですか。

〈十二月の谷川にあわは流れない。さらに比喩「金剛石」の意味を考える〉

◉そしてもう一つ五月の世界に出てきて、、十二月の世界に出てこないもの、何かわかりますか。五月の谷川に流れて、十二月の谷川に流れなかったもの、何かわかりますか。（泡）
・泡とは、くり返し、どのようなものですか。
・そして一言、どうして十二月の谷川に泡は流れない。
・そして、金剛石、ダイヤモンドのもう一つの特徴は、何ですか。（最も固い）
・さあくり返し、どうして十二月の谷川に泡は、流れない。どうして十二月の最後を金剛石、ダイヤモンドで飾るのですか。
・作者、宮沢賢治の願いは、何なのですか。

〈「五月」「十二月」の世界を比べて違いをおさえ、題名「やまなし」の意味、作者、

※
比喩「金剛石の粉をはいているようでした。」この比喩の意味することを考える。
・金剛石＝ダイヤモンド
・最も美しく最も固い。
・やまなしの行為を最も美しいものとして飾る。
・十二月の世界がこわれず、永遠のものであってほしいとの願いの表現。

〈宮沢賢治が作品にこめた願いを考える。〉

◉さあ、これで「私の幻灯は、おしまいであります。」さあ、私の幻灯、何枚ででてきていたのですか。

・何月と何月ですか。

・さあ、五月の幻灯は、どんな幻灯でしたか。

・五月の世界、まとめるとどんな世界でしたか。

・十二月の幻灯は、どんな幻灯でしたか。

・十二月の世界は、やはりどんな世界でしたか。

◉さあ、そして、この二枚の幻灯、どんな関係なのですか。（対比）

・つまり、二枚の幻灯、どっちが強調される。どっちが言いたいのですか。

◉そして、この二枚の幻灯の題名が、何なのですか。

・さあ、それは、どうしてなのですか。

・なぜ、この物語の題名「やまなし」なのですか。たとえば「かわせみ」などではないのですか。

・作者、宮沢賢治が、この物語、題名にこめた思い、願いは、何だった、どのようなものだったのですか。

おわりの感想を書く

◉では、今日の所で思ったことや考えたことをノートに一〇〇字以上で書いてください。

※ ここからはまとめの読みである。

※ 対比は、後者を強調する。

★今日のところでとうとう最後になってしまいました。やまなしが、落ちてきて、いいにおいを出し、みんなを、おどるような心にしてしまう。これが、やまなしの力なのではないかと思った。五月の弱肉強食の世界とは、せい反対で、平和な世界でこの話を終えられて気持ちよく終れるなあと思いました。（Kくん）

★十二月はとても平和な世界のような気がしました。五月は子供たちが知らないこわいことばかり。でも十二月は、とてもうれしく終わったと思います。私はこの物語を読んで弱肉強食の世界、とても平和な世界、たくさんいろんな世界があることが分かりました。『やまなし』という物語はもうこれでおわってしまったけれど、私はつづきを読んでみたいと思います。（Sさん）

★五月の最後に、でてきた、白いかばの花が、はかなさを象徴するなら、十二月は、金剛石が、きれいなことから、あたたかさや、かがやかしいという平和を意味することだと思いました。その文いったいに力強さを感じました。（Hさん）

★私は、最初この谷川は弱肉強食の世界だったのでちょっと暗い感じの物語なのかなと思っていました。でも、この場面で『やまなし』の意味が分かりました。やまなしは、自分が食べられてかにが生きるためにぎせいになっていた。だから、宮沢賢治さんはこのやまなしのように自分にそんがあってでも人の役にたてという意味なのかなと思いました。私は金剛石のように平和な世界がこわれないような生活にしたいと思いました。（Iさん）

★わたしはやっぱりやまなしは平和の象ちょうだと思いました。わたしは、この谷川の世界が、きれいな美しい世界になるのは争いのなくなったときにきれいな世界になったと思いました。そして青白いほのおがあがるのは、やまなしが平和な世界に近づいて、かにたちの役に立つことができたからとてもうれしがっているから、ほのおが上がったのだと思いました。

（Kさん）

★やまなしはかにたちが生きるために落ちてきて自分がかわりになって食べてほしいと思うところがすごいと思いました。この助け合いは絶対にこわれてはいけないと言うことが書かれていました。やまなしはしゃべれないけど、かにたちの争いをやめさせたり、食べ物になったりしてかにたちに平和と言うことをだまって行動で教えてあげているのだと思いました。
（Yくん）

★青白いほのおの表現していることも、はかなさのように思えます。ほのおは、もえるときはもえ上がるけれど、いつか、もえつきる時がくるからです。そのもえつきる時というのが、五月の花びらで表現されたはかなさのように思えます。十二月がきても、また、五月になるし、自然の世界は、そんな事のくりかえしなのだということを伝えるために作者は、五月、十二月を選んだのだと思いました。五月の世界では、幻想的な中に、いきなり入った現実を見たけれど、十二月の世界では、物語は終っても、自然はずっと同じことをくりかえしつづける、という現実を見たような気がしました。
（Oさん）

第四次　感想文を書く　三時間

最近は感想文を書かせるなどの取り組みもあまりみられなくなってしまいました。しかし、学校での物語の授業は、「読み」の取り立て指導です。読みっぱなしにしない。物語の読みを通して、ふくらんだ登場人物やその世界についての感想、深まった思いや考え、新たに生まれた考えなどを書く。書くことによってその思いや考えを明確にし、定着させる。そして、それは物事をまじめに考える、思考をきたえるためにもとても良い機会だと考えます。

しかし、ただ「感想文を書きなさい」と言っても、子どもたちは書けません。そのために、ここでは全文を通しての感想や考えの書き出し、それをもとにした構成メモの作成などの作業を行いました。

☆『やまなし』全文の読み

◉『やまなし』全文を読み、全文を通しての書き出しをする。（※Ｐ１４５書き出しの例参照）

・作品全体を通して、思ったことや考えた事を用意したプリントに、箇条書きで書き出す。

・書き出しをもとに『やまなし』全文を読んでの感想や考えたことを発表する。

☆全文を読んでの書き出しをもとに感想文の構成を考える（※Ｐ１４５構成メモ例参照）

☆構成メモを元に感想を書く（終了後、何点か発表する）

やまなしを読んで

Aさん

やまなしにでてくる五月の幻灯は、現実にちかい、さみしい幻灯だと思います。そして十二月は、私達、人間が夢を見ているようなとてもあまい世界をえがいているような気がします。十二月は、作者の願いでもあるようです。やまなしのように、だれかをあたたかい気持ちで見守り、時には手助けをする、そうゆうあたたかい人になりたいと思っているのかなあと思いました。

その作者の願いでなんとなくだけど十二月の水の中は、とてもあたたかそうに見えました。カニたちがあたたかい手に、つつまれている感じもしました。それに五月は、水がにごったような感じがして、とてもいづらい感じがしました。それから五月の世界でいろいろな生き物だちが、死んでしまっていたところで、水の中は、なにもないかのようになっていて、その中でぽつんと二ひきのカニたちが深いショックをうけていて、カニたちの姿がさびしく感じて、水の世界がとても広いことを感じました。

それからこの物語は、たくさん表現の工夫があって、とても興味を持たせる作品だと思いました。五月は、白、黒というふきつな予かんを感じさせる色をよくつかっていました。五月の工夫は、どれもが暗い物を表わしていて、その表現で暗いことが強ちょうされているようです。十二月は、明るさ、美しさ、やさしさが、表現一つ一つに表われているような気がします。

五月と十二月を見てやまなしは、ほんの一部しか出てこないのに、作者はどうしてやまなしという題をつけたのかとても不思議でした。私は、やまなしが流れて行く場面の所で、やまなしは、水の世界を一しゅんだけでも、すてきな世界にしたい、人にやさしくなりたい、とてもきれいな気持ちのやまなしを強ちょうするために題を『やまなし』にしたんだと思いました。

『やまなし』その題は、やまなしの気持ちだけでなく、作者の願い、考えがたくさんつまっていると思いました。

作者の願いは、やまなしのように人をやさしい気持ちでつつみこんであげられるようになりたい。そして私たちにもそのような人間に成長してほしいという願いだと思いました。そしてこの幻灯は、私たちへ、これから生まれる人間たちへの手紙なんだと思いました。

私は、この幻灯で理想と現実のこわさをすごく感じました。五月、それは、人間の世界にもある現実とまったくかわらないこわさだと思いました。十二月、私達が平和にくらしたいと願っている、やさしくなりたい、人間が思う理想と同じような気がします。『やまなし』という幻灯は、水の中の世界ではなく、人間の世界を書いていると思いました。全部を通し私たちは、カニの子どもたち、やまなしのように力強く、でもきれいな気持ちがもてる人間として生きて行く事を作者は、うったえていると思いました。

宮沢賢治とは、人があたたかくふつうに生きる事を願っていると思いました。私がこの幻灯から学んだ事は、人間らしくという言葉です。

「やまなし」を読んで

Hさん

　この物語で一番言いたかったことは、本当の意味で、強く、美しくなってほしいということだと思います。そして、それを象徴するのが、題名にまでなった「やまなし」なのではないかと思いました。

　なぜ、何の変わりもない「やまなし」が、本当の意味での強さ、美しさを象徴するのでしょうか？それは、本当の意味での強さというのが、ただ力が強いということではないからです。ただ力が強いというならば、魚だってかわせみだって良いのですが、この物語で言いたい「強さ」は、心の強さなのです。

　やまなしは、自分をかにたちに食べてもらうために、一番おいしく熟した頃に、川の中に落ちてきました。つまり、かにたちに自分をささげたのです。自分をささげることが、どれだけこわいことか―。そう考えると、他の者のためにこんなにおそろしいことをした

No.
No.

やまなしは、本当に強い心、そして、「人に
つくす」ということのできる、本当に美しい
心を持っているのだと感じます。
「他の者につくす」ということは、決して
容易なことではありません。「自分が助かり
たい」という気持ちは、たいていの人が持っ
ていると思います。「他の者につくす」ため
には、その気持ちをなくさなければならない
のです。つまり、相手を助からせるためには、
自分をも、ぎせいにしなければならないとい
うことなのです。
　弱肉強食の世界では、「食べる、食べられ
る」というのが当たり前ですが、では、やま
なしの行ないは、自然の状態に素直に従った
だけということになってしまうのでしょうか。
確かにそうかもしれません。でも、自分のこ
とばかり考えて、逃げて逃げて、逃げきれな
くなって食べられた者とは、きっと何かが違
うと、私は思います。
　まず、自分のことばかり考えて食べられた

B4 20×20 さくら

者について想像してみました。きっと、いつも「いつ食べられてしまうのだろう」と考えながら、不安な日々を送っていくに違いありません。それに、食べられる時も、苦しみながら食べられていく上に、死んでしまった後には、後悔ばかりが残るのだろうと思います。そして、人につくして死んでいった者について考えてみました。食べられるしゅん間はこわいかもしれません。でも、食べられた後は、目的を果たしたというような満足感を味わえるのではないでしょうか。

　このように、「人につくす」ということはつらいことであるけれど、そのつらさをのりこえれば、それと同じだけの満足感を味わうことができるのだなと思いました。だけど、それだけではないと思います。このことによって、もう一つ、もっと大切なものを手に入れられると考えました。それは、「本当の強さ」、だと思います。私は、この物語を読んで、少し忘れかけていた「人につくす」ことの美しさを、思い出させれたような気がします。

No.　　　No.

B 4 20×20 さくら

「やまなし」を学習して

Oさん

私は、この作品を通して、自然の現実を知ったように思えます。

「やまなし」に出てくる川は、きれいで、おだやかな、それだけの所だと思いました。

でも、だんだん読んでいくうちに、それだけではないことに、気づきました。

五月と十二月の世界で、私が思ったことは、自然は、強くおそろしい部分と、やさしく、きれいな部分との、両方が、上手にバランスを、保っているからこそ存在しているんだな、ということです。

もしも、そのどちらかが強まったり、弱まったりしたら、それは、きっと、こわれてしまうような気がします。

〃弱肉強食〃というのは、自然の世界の中で、欠かすことのできない法則なのかもしれません。

そして、それは、物語の中の川にも存在しました。

けれど、そんな現実の中に、〃善と悪〃の基準はあるのか、私は疑問

No.

No.

B4 20×20 さくら

に思いました。　生きるために、〃えさ〃として、他の生物を食べた、魚やかわせみが、悪になるのだったら、それは、成立しないように思えたからです。

　生きるために、生命のあるものを食べるのは、しかたないことなのかもしれません。それでも、食べる事を、当然と思うのは、よくないと思います。　五月の世界に出てきた、魚のように、自然の中では、いつ、食べる立場から、立べられる立場にかわるか、わからないからです。　それも、自然の現実の一部分だと思います。　クラムボンを食べ、支配者ぶってい大魚が食べられた時、私は、〃今は、食べる立場にいる人間だっていつ、逆の、食べられる立場になってもおかしくはないなぁ〃と思いました。

　五月と十二月の世界を比べて思ったことは、五月では、自然の現実やおそろしい部分が、十二月では、自然のやさしく、平和な部分が書かれていたけれど、どちらか、片方が、自然の本当の姿、ではないと思います。両方の入りまじった所に存在するのが、本物の、自然の姿で、それは、一つのものの、裏、表、であり、けっしてわかれることはないと思いました。

　そして、この物語では、そんな自然の大きさと、子がにたちの、小ささを、比べていたように思えます。　とくに五月の世界では、子がにたちは、弱肉強食を目の前にして、おどろき、こわがっているのに対し、自然は、何事もなかったように、あわが流れ、光がゆれています。　それでも、対照的になっている、五月と十二月で、十二月が強調されているのは、自然のおそろしい部分よりも、やまなしのような、美しい部分を、作者が信じたかったからだと思いました。

　作者が、最後に少ししか出てこない、やまなしを題名に選んだのは、自分を人にささげた、やまなしを、強調するためだと思います。

題名から、作者が伝えたかったのは、弱肉強

No. 4

食の、厳しい自然の中でも、やまなしのように、他人につくす存在が、一番、うつくしいということだと思いました。

人の罪と美しさ

Ｕくん

まさに自然。この物語を読んだとき、ぼくの印象は、こうだった。おこることが、まったく自然そのものだった。食べ、生きる。これは、全ての動物にとって、極普通のことだと思う。しかし、考えてみると、何らかの形で、食べ物になるものを殺し、食べている。ゆうなれば、みんな、殺人犯みたいなものだろう。殺すのは、当然罪なのだから、みんな罪人だ。

しかも、この罪は、どうにもならず、一生つきまとってくる。これをふりはらうためには、自分が死ぬしかない。これは、動物全て共通の罪であり、どうしようもない。

でも、罪だけあってもしょうがない。その罪を軽くする方法がある。この方法とは、なにかに仕え、助け、そして身をささげることだ。

これは、心の中で最も美しいことだと思う。自分を使って人を助けるということだからだ。この美しさこそが、人の罪を軽くしてくれるのだ。このよさ、美しさは、自分の心がけで行えるのだ。

人には、この美しさがある。人を助けて、罪がかるくなる。しかし、これは、罪を軽くしようとしてではなく、それをする人が、自然と行っている。それが、人間の素晴らしさだと思う。

この物語は、一種の案内書のような感じがした。罪を軽くするには、どうしたらよいか等、作者の宮沢賢治は、これで、自然それ自体が示すものを分かってもらいたかったのではないかと思う。

善と悪。まさしく正反対のもの。しかし、善と悪のトビラは、人の生き方をきめてしまうトビラだと思う。ぼくには、この物語は、人間の悪さと、よさ、両方とも、五月と十二月でわけてかいているのだと思う。このよさと、悪さ、二つのものを両立させてなりたっているのが人間だと思う。

ぼくには、良さ、悪さ、罪とならべられたところで、ピンとこない人も結こうたくさんいるような気がする。キリスト教の、ご飯を食べる前にする、おいのりをするわけの一つに、ころされて、食べられてしまう物たちへの感しゃの気持ちも、入っているように思える。こうして、感しゃするのも、人のよいところでは、ないかと思う。

このやまなしには、こうゆうこと以前の、全て、よい悪いの基本的、基準となることがかかれているのだと思う。自然といってしまえば、ただそれだけのことかもしれないが、ぼくたち生き物についてのことだけに、自然だけで片付けるには、大きすぎるものだと思う。

罪には、生物を殺し、食べることだといった。しかし、人類は、地球を破壊するとゆう一番大きな罪を、犯している。この問題が、片付いた時、それは、人の「良さ」が、充分に使われた時だろう。豊かになった人間。豊かになったのだから、今、自分達を、地球のために使うべきだと思う。

やまなしを読んで

Ｉさん

もし、人間一人一人に、感情がなかったらと思うと、こわくなります。人のためにつくすことが、いいこととわかっていながらどうしても出来ない。それは、心の中にやさしさとちがった思いがあるからだと思います。そして、その思いをきれいに消してくれるのが物語なのでは、ないだろうか。物語とは、筆者が読者に伝えたいことをはじめとして、物の価値やすばらしさを表した、絵の様なものだと思いました。

私はこの作品を読んでから物事の考え方が少し変わった様な気がしました。それは、一つの事を自分自身で判断できる事が本当は、自分にとっていい事だと思う様になりました。そして、人のためにつくした時、それだけでもいいんだけど、相手がよろこぶだけでなく自分自身の印象を良くしなくては、ならないと思いました。

この作品の中の表現の工夫で一番、目についたのは、色での場面の象徴と景色での場面の象徴です。表現の工夫でも、私たちがふだん気にせず見ているものを使って、話の身近さを出しているんだと思いました。そして工夫してあるということで、私たち読者に、『やまなし』という言葉を聞かせることによって、物語をくわしく思い出させることができて、人の心にあたたかさとうるおいを持たせることができて、人の感情の変化がはげしくなるのをおさえるのに、本当にいいことだと思うような気がします。

この様な物が、積み重なってできた作品には、人の心を動かす何か、不思議な力があると思います。そして、物語というものは、ちょっと大げさだけどこの世に生きているもの全ての、願いや、思い、希望が一つになってできたものだと思いました。だから物語や詩歌などを読んだりするときは、数多くのいろいろな物の気持ちになって、読んだりしなくては、本当の主題がつかめないと思いました。

人のためにつくすということとはんたいなのは、無責任や自分かってということだと思います。例えば、人のためにつくすきかいがあったのにつくさなかった時、たとえそれがどんなに小さな事でも無責任、自分かってということになる。だからそれだけ相手がよろこんだり、うれしがったりするのは、とても大切なことだと思いました。

この物語では、自立したとかいうことは、出てなかったけど私は、なぜか気になった。自立するということは、自分で生き方を決めて、自分自身の考えで行動することで、筆者の伝えたいことに交じっている様な気がしました。けれどそれを他の人に伝えるには、何かのかたちで伝えなければならない。そのことを、どうけとるかで自分自身の、進み方も変わってくる。

今までの私は、ややなげやりな所があった。今、思うと少しいいかげんで、いろいろなことが、ちゅうとはんぱでその物の要点がうまく、理解できずにいました。けれどこの物語を読んでから物事をしっかり理解できる様になったので、よかったです。

そしてこの物語は、ぶたいを小さくすることで人間の感情の強さを、ためしていました。それとやまなしだけでなく、この様な物語を書く筆者は、いろいろな物の気持ちがつかめていて、うらやましいです。私も、他の人の気持ちをよく理解できる様になりたいです

「やまなし」　感想のまとめ

（　Oさん　）

1、感想・考えたこと—内容・表現・その他

A
●自然は、強く、おそろしい部分と、やさしくきれいな部分との両方が、上手にバランスを保っているからこそ存在していて、どちらかが強まったり、弱まったりしては、いけないんだな、と思った。

B
●生きるために、生命のあるものを食べるのは、しょうのないことなのかもしれない。それでも、そのことを当然としたらいけない。小さいころに持っていた、その疑問に思う心をなくしてはいけないという事を伝えるために作者は「子ガニ」を選んだのだと思う。

C
●この作品全体は、かにの子供らの小ささと、自然の大きさを、比べていたように思える。

D
●自然の世界に、善と悪の基準はあるのだろうか。やまなしのような善ははっきりしているけれど、えさを食べた魚やかわせみが、悪になってしまうから、それは成立しないと思う。

F
●クラムボンが笑っても殺されても、どうすることもできないかにたちの小ささや無力さが、風景を表した比喩の中にあると思います。小さなでみからのかげさえも、大きなかげに感じ、川の中は明るさと暗さの共存する世界なのだと感じた

f
●五月の川は、自然の現実、おそろしい部分が出ていたけれど、十二月の川では、平和な部分のほうが多い。その二つの入りまじった所に自然は存在して
れは二つの物の裏、表として、ニつにわかれることのないことを表現している。

G
●この物語では、五月と十二月が対照的になっている。その中で、あまりうごきのない十二月が、強調されているのは、自然のおそろしい部分よりやさしい部分の方を、作者が信じたかったからだと思う。

○　○　○　○

2、感想文の構成

意味	形式	内容
1	一、	書き出し（この作品で初めに私が思った事）
2	二、	自然と生命の関係について　A
2	三、	二の段落の事について私が感じたこと　B
3	四、	五月の世界で感じたこと　E
3	五、	十二月の世界で感じたこと（比べて）　F G
3	六、	比べて思ったことなど　F
4	七、	作者の表現の方法について
4	八、	その表現の方法で、作者が伝えたかった事　C
5	九、	この作品で、学習しおわった時に感じた事（一と比べて書く）　B
6	十、	まとめ（全体についてや、全体を通してかんじたこと）　E

六 作品を世界を深く味わおう　物語

やまなし　宮沢賢治

小さな谷川の底を写した、二枚の青い幻灯です。

一　五月

① 二ひきのかにの子どもらが、青白い水の底で話していました。

「クラムボンは　笑ったよ。」

「クラムボンは　かぷかぷ笑ったよ。」

「クラムボンは　はねて笑ったよ。」

「クラムボンは　かぷかぷ笑ったよ。」

上の方や横の方は、青く暗く鋼のように見えます。そのなめらかな天井を、つぶつぶ暗いあわが流れていきます。

② 「クラムボンは　笑っていたよ。」

「クラムボンは　かぷかぷ笑ったよ。」

「それなら、なぜクラムボンは　笑ったの。」

「知らない。」

つぶつぶあわが流れていきます。かにの子どもらも、ぽつぽつぽつと、続けて五、六つぶあわをはきました。それは、ゆれながら水銀のように光って、ななめに上の方へ上っていきました。

③ つうと銀の色の腹をひるがえして、一ぴきの魚が頭の上を過ぎていきました。

「クラムボンは　死んだよ。」

「クラムボンは　殺されたよ。」

「クラムボンは　死んでしまったよ……。」

「殺されたよ。」

「それなら、なぜ殺された。」

兄さんのかには、その右側の四本の足の中の二本を、弟の平べったい頭にのせながら言いました。

「分からない。」

④ 魚がまたつうともどって、下の方へ行きました。

「クラムボンは　笑ったよ。」

「笑った。」

にわかにぱっと明るくなり、日光の黄金は、夢のように水の中に降ってきました。

波から来る光のあみが、底の白い岩の上で、美しくゆらゆらのびたり縮んだりしました。あわや小さなごみからは、まっすぐなかげの棒が、ななめに水の中に並んで立ちました。

⑤　魚が、今度はそこらじゅうの黄金の光をまるっきりくちゃくちゃにして、おまけに自分は鉄色に変に底光りして、また上の方へ上りました。

「お魚は、なぜああ行ったり来たりするの。」

弟のかにが、まぶしそうに目を動かしながらたずねました。

「何か悪いことをしてるんだよ。取ってるんだよ。」

「取ってるの。」

「うん。」

⑥　そのお魚が、また上からもどってきました。今度はゆっくり落ち着いて、ひれも尾も動かさず、ただ水にだけ流されながら、お口を輪のように円くしてやって来ました。そのかげは、黒く静かに底の光のあみの上をすべりました。

「お魚は……。」

⑦　そのときです。にわかに天井に白いあわが立って、青光りのまるでぎらぎらする鉄砲だまのようなものが、いきなり飛びこんできました。

兄さんのかには、はっきりとその青いものの先が、コンパスのように黒くとがっているのも見ました。と思ううちに、魚の白い腹がぎらっと光って一ぺんひるがえり、上の方へ上がったようでしたが、それっきりもう青いものも魚の形も見えず、光の黄金のあみはゆらゆらゆれ、あわはつぶつぶ流れました。

⑧　二ひきはまるで声も出ず、居すくまってしまいました。

お父さんのかにが出てきました。

「どうしたい。ぶるぶるふるえているじゃないか。」

「お父さん、今、おかしなものが来たよ。」

「どんなもんだ。」

「青くてね、光るんだよ。はじが、こんなに黒くとがってるの。それが来たら、お魚が上へ上っていったよ。」

「そいつの目が赤かったかい。」

「分からない。」

「ふうん。しかし、そいつは鳥だよ。かわせみというんだ。だいじょうぶだ、安心しろ。おれたちはかまわないんだから。」

「お父さん、お魚はどこへ行ったの。」

「魚かい。魚はこわい所へ行った。」

「こわいよ、お父さん。」

「いい、いい、だいじょうぶだ。心配するな。そら、かばの花が流れてきた。ごらん、きれいだろう。」

あわといっしょに、白いかばの花びらが、天井をたくさんすべってきました。

「こわいよ、お父さん。」

弟のかにも言いました。

光のあみはゆらゆら、のびたり縮んだり、花びらのかげは静かに砂をすべりました。

二　十二月

①
かにの子どもらはもうよほど大きくなり、底の景色も夏から秋の間にすっかり変わりました。

白いやわらかな丸石も転がってき、小さなきりの形の水晶(しょう)のつぶや金雲母(も)のかけらも、流れてきて止まりました。

その冷たい水の底まで、ラムネのびんの月光がいっぱいにすき通り、天井では、波が青白い火を燃やしたり消したりしているよう。辺りはしんとして、ただ、いかにも遠くからというように、その波の音がひびいてくるだけです。

②
かにの子どもらは、あんまり月が明るく水がきれいなので、ねむらないで外に出て、しばらくだまってあわをはいて天井の方を見ていました。

「やっぱり、ぼくのあわは大きいね。」

「兄さん、わざと大きくはいてるんだい。ぼくだって、わざとならもっと大きくはけるよ。」

「はいてごらん。おや、たったそれきりだろう。いいかい、兄さんがはくから見ておいで。そら、ね、大きいだろう。」

「大きかないや、おんなじだい。」

「近くだから、自分のが大きく見えるんだよ。そんならいっしょにはいてみよう。いいかい、そら。」

「やっぱりぼくのほう、大きいよ。」

「本当かい。じゃ、も一つはくよ。」

「だめだい、そんなにのび上がっては。」

また、お父さんのかにが出てきました。

「もうねろねろ。おそいぞ。あしたイサドへ連れいかんぞ。」

「お父さん、ぼくたちのあわ、どっち大きいの。」

「それは兄さんのほうだろう。」

「そうじゃないよ。ぼくのほう、大きいんだよ。」

弟のかには泣きそうになりました。

③

そのとき、トブン。

黒い丸い大きなものが、天井から落ちてずうっとしずんで、また上へ上っていきました。きらきらっと黄金のぶちが光りました。

「かわせみだ。」

子どもらのかには、首をすくめて言いました。

お父さんのかには、遠眼鏡（とおめがね）のような両方の目をあらん限りのばして、よくよく見てから言いました。

「そうじゃない。あれはやまなしだ。流れていくぞ。ついていってみよう。ああ、いいにおいだな。」

なるほど、そこらの月明かりの水の中は、やまなしのいいにおいでいっぱいでした。

三びきは、ぼかぼか流れていくやまなしの後を追いました。

その横歩きと、底の黒い三つのかげ法師が、合わせて六つ、おどるようにして、やまなしの円いかげを追いました。

④

間もなく、水はサラサラ鳴り、天井の波はいよいよ青いほのおを上げ、やまなしは横になって木の枝に引っかかって止まり、その上には、月光のにじがもかもか集まりました。

「どうだ、やっぱりやまなしだよ。よく熟している。いいにおいだろう。」

「おいしそうだね、お父さん。」

「待て待て。もう二日ばかり待つとね、こいつは下へしずんでくる。それから、ひとりでにおいしいお酒ができるから。さあ、もう帰ってねよう。おいで。」

親子のかには三びき、自分らの穴に帰っていきます。

波は、いよいよ青白いほのおをゆらゆらと上げました。それはまた、金剛石（ごう）の粉をはいているようでした。

私（わたくし）の幻灯は、これでおしまいであります。

■著者紹介
山口憲明（やまぐちのりあき）
早稲田大学政治経済学部卒
元相模原市立小学校教諭

【主な著書】
文学の授業１ **スーホの白い馬** 改訂版
文学の授業２ **一つの花** 改訂版
文学の授業３ **ごんぎつね** 改訂版
文学の授業４ **大造じいさんとガン**

文学の授業5 改訂版
やまなし 教材分析と全発問

2013年９月26日　改訂第１版第１刷発行

著　者／山口 憲明
発行者／比留川 洋
発行所／株式会社 本の泉社
〒113-0033　東京都文京区本郷２-25-６
TEL. 03(5800)8494　　FAX. 03(5800)5353
http://www.honnoizumi.co.jp

印　刷／亜細亜印刷株式会社
製　本／株式会社村上製本所

ISBN978-4-7807-1114-1　C3037